素敵でおいしい**メルボルン**&
野生の島**タスマニアへ**

最新版

高田真美

はじめに

　2000年にビクトリア州に住むようになって、私はあっという間にメルボルンの虜になりました。「英国風の街並み」と紹介されることが多いメルボルンですが、この町は、英国からそっくりそのまま抜け出てきたような町ではありません。メルボルンは、英国植民地だった頃の歴史的街並みに、移民がもたらした多種多様な文化が混ざり合ったコスモポリタンな町。なんでもありの自由な気質、異なる文化に対する好奇心とそれを受け入れる寛容さ、そして人生は楽しむものという考え方が、この町には満ちあふれています。

　シティと呼ばれるメルボルンの中心部はコンパクトで歩きやすく、個性的な近郊の町へもトラムや電車を使って簡単に訪れることができます。少し足をのばせば、美しい海や緑豊かな丘陵地帯が広がり、オーストラリアならではの豊かな自然を堪能することもできます。日本からメルボルンへは直行便で約10時間半。日本との時差も少なく、比較的気軽に訪れることができます。短期間で街歩きを中心に楽しむのもよし、ロングステイして暮らすように楽しんだり、田舎町まで足をのばしてみるのもよいでしょう。

　そして、都会的な楽しみがつまったメルボルンから飛行機でわずか1時間ほどのところにあるのが、野生の島「タスマニア」。オーストラリア本土では見ることのできない動物や植物など、太古の自然がここには残っています。

　オーストラリア南東部に位置するメルボルンとタスマニアは、グレート・バリア・リーフやエアーズロックといった一般的なオーストラリアのイメージとは一味も二味も違う場所。私の愛して止まないメルボルンとタスマニアの魅力を日本のみなさんに伝えたい、という気持ちで、この本を書きました。この本を読んで、ひとりでも多くの方が、メルボルンとタスマニアの魅力を体験しにいらしていただければ光栄です。

Contents ————————————————————————————

N
0 1000km

Darwin
ダーウィン

Cairns
ケアンズ

ノーザン・
テリトリー

クイーンズ
ランド州

AUSTRALIA

西オーストラリア州

南オーストラリア州

Brisbane
ブリスベン

Perth
パース

Adelaide
アデレード

ニュー・サウス・
ウェールズ州

Sydney
シドニー

Canberra
キャンベラ

ビクトリア州

Melbourne★
メルボルン P.7

オーストラリア首都
特別地域

タスマニア州

Tasmania★
タスマニア P.149

【オーストラリア基本情報】

◎正式国名
オーストラリア連邦 *Commonwealth of Australia*

◎面積 **769万2024km^2**（日本の約20倍）
ビクトリア州の面積22万7416km^2、タスマニア州の面積6万8401km^2

◎人口（2023年3月の統計）
約2647万人（日本の約5分の1）
ビクトリア州の人口約677万人、タスマニア州の人口約57万人

◎政治体制 **立憲君主制**

◎首都 **キャンベラ**

◎宗教（2021年国勢調査）
**キリスト教43.9％、無宗教38.9％、イスラム教3.2％、
ヒンズー教2.7％、仏教2.4％、その他・未回答8.9％**

◎公用語 **英語**

◎通貨＆レート
オーストラリア・ドル
（省略形はAUDもしくはA$、オーストラリア国内では$と表示される。本書では$を使用）
1オーストラリア・ドル＝96.94円（2023年11月）

◎各州および特別地域の略号

ビクトリア州＝VIC
タスマニア州＝TAS
ニュー・サウス・ウェールズ州＝NSW
クイーンズランド州＝QLD
南オーストラリア州＝SA
西オーストラリア州＝WA
ノーザン・テリトリー＝NT
首都特別地域＝ACT

◎日本との時差
ビクトリア州とタスマニア州：＋1時間（夏時間は＋2時間）
ニュー・サウス・ウェールズ州とキャンベラ：＋1時間（夏時間は＋2時間）
クイーンズランド州：＋1時間（夏時間の導入はなし）
南オーストラリア州：＋30分（夏時間は＋1.5時間）
ノーザン・テリトリー：＋30分（夏時間の導入はなし）
西オーストラリア州：−1時間（夏時間の導入はなし）

※夏時間は、10月第1日曜〜4月第1日曜未明まで

Melbourne

さまざまな文化が共存する
おしゃれでエキサイティングな町

シティのコリンズ・ストリート。プラタナスの並木道に19世紀の建物と高層ビルが並ぶ。

上・ヤラ川北岸に広がるメルボルンの中心部「シティ」。／下・シティに隣接する緑豊かなトレジャリー庭園。

オーストラリア南東部に位置するビクトリア州の州都メルボルンは、オーストラリアではシドニーに並ぶ主要都市。公園や庭園が多く「ガーデン・シティ」の異名を持つこの町は、芸術やスポーツが盛んで、住みやすい町としても知られています。

メルボルンの魅力はいったい何か? と聞かれたら、私はひと言「多様性」と答えます。移民の国オーストラリアのなかでもとくにコスモポリタンな町で、多種多様の文化が存在するなかで、互いに尊重し、共存し、そして融合しあって、新しいものをつくり出しているのがこの町の魅力。19世紀後半にゴールドラッシュで繁栄したメルボルンには、その当時に築かれた歴史的な街並みが残っている一方で、斬新な建造物やストリートアートといった新しいものも町のあちこちに見られます。英国植民地だった頃の伝統を保ちながらも、新しいものを受け入れるメルボルニアン(メルボルンに住む人たち)の柔軟性が、メルボルンを多様性に富んだエキサイティングな町にしているのです。

ポート・フィリップ湾に面し、郊外には牧場や農園が広がり、多数のワイナリーが点在するメルボルンは四季折々の食材にも恵まれ、美食の町としても有名です。移民によってもたらされたさまざまな食文化を取り入れ、創作性の高い料理を食べることができるのも、メルボルンならではの楽しみです。

メルボルンは「シティ」を中心とし、その周辺には「サバーブ」と呼ばれる近郊住宅街が広がっています。この章ではまずシティをご紹介し、続いて魅力的なサバーブをいくつかピックアップしてご紹介します。

◎住所の読み方

オーストラリアではすべての道に名前がついていて、道の片側に奇数の番地、もう片側に偶数の番地が並んでいます。碁盤の目状に道が通っているシティでは、通常の住所表記のほかに、Cnr.(= Corner)A & B Streets「A通りとB通りの角」といった表現もよく用いられます。また建物の階数は、日本の1階はG(=Ground Floor)または0、日本の2階は1(=1st Floor)、日本の3階は2(=2nd Floor)、という表記になっています。

◎住所の略語

Ave.＝ Avenue
Blvd.＝Boulevard
Cnr.＝Corner
Dr.＝Drive
Hwy.＝Highway
La.＝Lane
Pde.＝Parade
Pl.＝Place
Rd.＝Road
St.＝Street

◎ メルボルンの歴史

町の誕生とゴールドラッシュ

1890年頃のコリンズ・ストリート。
Source: State Library of Victoria

　1835年、英国植民地となっていたタスマニアから農牧地を求めてやってきた人々が、ヤラ川北岸に町を築きました。これが、メルボルンという町のはじまりです。町の誕生から16年後、メルボルンの運命を大きく変える出来事が起こります。メルボルンから100kmほど離れたビクトリア州内陸部で金塊が発見されたのです。このニュースは瞬く間に世界中に知れ渡り、一攫千金を夢みた人々が世界各国から船に乗ってメルボルンにやってきました。いわゆるゴールドラッシュのはじまりです。

　移民により人口が急増し、金の輸出によって得た資金をもとに壮麗な建造物が次々と建設され、メルボルンは世界屈指の大都市へと発展。1880年代には、その街並みの美しさから「素晴らしきメルボルン（Marvellous Melbourne）」として世界中に知れ渡るようになりました。

ブームの終焉と戦争の時代

　ゴールドラッシュによって栄華を極めたメルボルンは、1890年代に入ると不動産価格の暴落や銀行危機に見舞われ、町の発展の速度は失速します。20世紀に入ると、第一次世界大戦で多くの志願兵が犠牲となり、その後、世界恐慌、第二次世界大戦と暗い時代が続きます。

移民の増加、多文化主義へ

　第二次世界大戦後、人口の増加を図るため、オーストラリアは大量移民の受け入れをはじめました。当時のオーストラリアは白豪主義（白人以外の移民を受け入れない主義）をとっていたため、この時代にメルボルンにやってきたのは、主にユダヤ人、イタリア人、ギリシャ人といったヨーロッパ系移民です。また、1960年代には、ユーゴスラビアやハンガリーといった東欧諸国からの移民も多く到来しました。

　そして、オーストラリアの移民政策に大きな変化が訪れました。1966年にすべての人種が同等に移民の申請をできる法律を制定し、その後1972年には70年間続いていた白豪主義を正式に廃止。以降、メルボルンには世界各国からの移民が到来し、多文化主義が花を開きます。2021年の国勢調査によると、ビクトリア州住民の約半数は、本人もしくは親が海外生まれで、出身国の数は200か国以上にも達しています。

1880年頃のバーク・ストリート。
Photographer: Charles Nettleton / Source: State Library of Victoria

【メルボルン広域MAP】

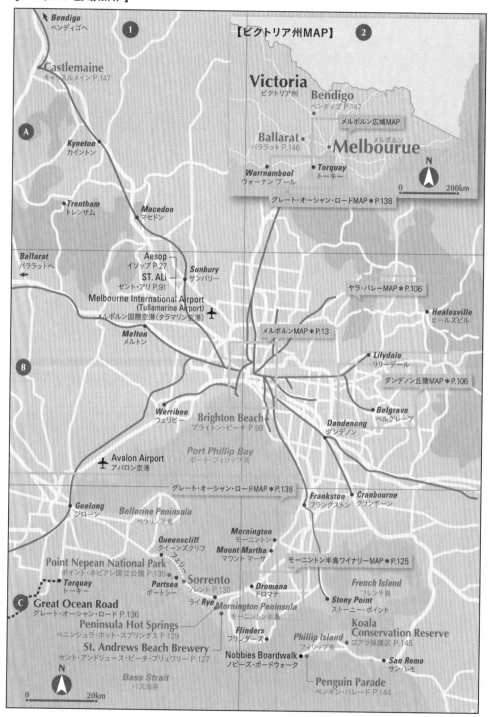

Bendigo
ベンディゴへ

① Castlemaine
キャッスルメイン P.147

Kyneton
カイントン

Trentham
トレンサム

Macedon
マセドン

Ballarat
バララットへ

Aesop
イソップ P.27

ST. ALi
セント・アリ P.91

Melbourne International Airport
(Tullamarine Airport)
メルボルン国際空港(タラマリン空港)

Melton
メルトン

Sunbury
サンバリー

メルボルンMAP＊P.13

Werribee
ウェリビー

Brighton Beach
ブライトン・ビーチ P.99

Avalon Airport
アバロン空港

Port Phillip Bay
ポート・フィリップ湾

グレート・オーシャン・ロードMAP＊P.138

Geelong
ジローン

Bellarine Peninsula
ベラリン半島

Queenscliff
クイーンズクリフ

Point Nepean National Park
ポイント・ネビアン国立公園 P.135

Torquay
トーキー

Portsea
ポートシー

Sorrento
ソレント P.130

Rye
ライ

Great Ocean Road
グレート・オーシャン・ロード P.136

Peninsula Hot Springs
ペニンシュラ・ホット・スプリングス P.129

St. Andrews Beach Brewery
セント・アンドリュース・ビーチ・ブリュワリー P.127

Bass Strait
バス海峡

0   20km

N

Mornington
モーニントン

Mount Martha
マウント・マーサ

Dromana
ドロマナ

Mornington Peninsula
モーニントン半島

Flinders
フリンダーズ

Nobbies Boardwalk
ノビーズ・ボードウォーク

【ビクトリア州MAP】②

Victoria
ビクトリア州

Bendigo
ベンディゴ P.147

メルボルン広域MAP

Ballarat
バララット P.146

Melbourue
メルボルン

Warrnambool
ウォーナン プール

Torquay
トーキー

グレート・オーシャン・ロードMAP＊P.138

0   200km

N

ヤラ・バレーMAP＊P.106

Healesville
ヒールズビル

Lilydale
リリーデール

ダンデノン丘陵MAP＊P.106

Belgrave
ベルグレーブ

Dandenong
ダンデノン

Frankston
フランクストン

Cranbourne
クランボーン

モーニントン半島ワイナリーMAP＊P.125

French Island
フレンチ島

Stony Point
ストーニー・ポイント

Koala
Conservation Reserve
コアラ保護区 P.145

Phillip Island
フィリップ島

San Remo
サン・レモ

Penguin Parade
ペンギン・パレード P.144

【メルボルンMAP】

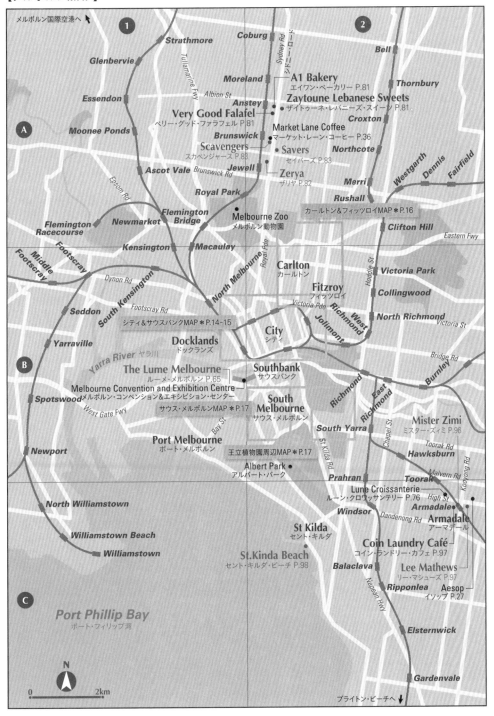

メルボルン国際空港へ

1　**2**

Strathmore

Coburg

Bell

Glenbervie

Moreland

A1 Bakery
エイワン・ベーカリー P.81

Thornbury

Essendon

Albion St

Anstey

Zaytoune Lebanese Sweets
ザイトゥーネ・レバニーズ・スイーツ P.81

Very Good Falafel
ベリー・グッド・ファラフェル P.81

Croxton

A

Moonee Ponds

Brunswick

Market Lane Coffee
マーケット・レーン・コーヒー P.36

Northcote

Scavengers
スカベンジャーズ P.88

• **Savers**
セイバーズ P.83

Ascot Vale

Brunswick Rd

Jewell

Zerya
ザリヤ P.82

Merri

Westgarth

Dennis

Fairfield

Royal Park

Rushall

カールトン&フィッツロイMAP ＊ P.16

Flemington Racecourse

Newmarket

Flemington Bridge

• **Melbourne Zoo**
メルボルン動物園

Clifton Hill

Eastern Fwy

Kensington

Macaulay

Carlton
カールトン

Victoria Park

Seddon

South Kensington

Footscray Rd

シティ&サウスバンクMAP ＊ P.14~15

Fitzroy
フィッツロイ

Richmond

Collingwood

North Richmond

Victoria St

B

Yarraville

Yarra River ヤラ川

Docklands
ドックランズ

City
シティ

Jolimont

Bridge Rd

Burnley

The Lume Melbourne
ルーメ・メルボルン P.65

Southbank
サウスバンク

Melbourne Convention and Exhibition Centre
メルボルン・コンベンション&エキシビション・センター

Spotswood

West Gate Fwy

サウス・メルボルンMAP ＊ P.17

South Melbourne
サウス・メルボルン

Richmond

East Richmond

South Yarra

Mister Zimi
ミスター・ズィミ P.96

Newport

Port Melbourne
ポート・メルボルン

王立植物園周辺MAP ＊ P.17

Bay St

St Kilda Rd

Toorak Rd

Chapel St

Hawksburn

Albert Park •
アルバート・パーク

Prahran

Malvern Rd

Kooyong Rd

Toorak

North Williamstown

Windsor

Dandenong Rd

Lune Croissanterie
ルーン・クロワッサンテリー P.76

High St

Armadale

Armadale
アーマデール

Williamstown Beach

St Kilda
セント・キルダ

Coin Laundry Café
コイン・ランドリー・カフェ P.97

■ Williamstown

St.Kinda Beach
セント・キルダ・ビーチ P.98

Balaclava

Lee Mathews
リー・マシューズ P.97

Ripponlea

Aesop
イソップ P.27

C

Port Phillip Bay
ポート・フィリップ湾

Elsternwick

N

0　2km

Gardenvale

ブライトン・ビーチへ ↓

13

【シティ＆サウスバンクMAP】

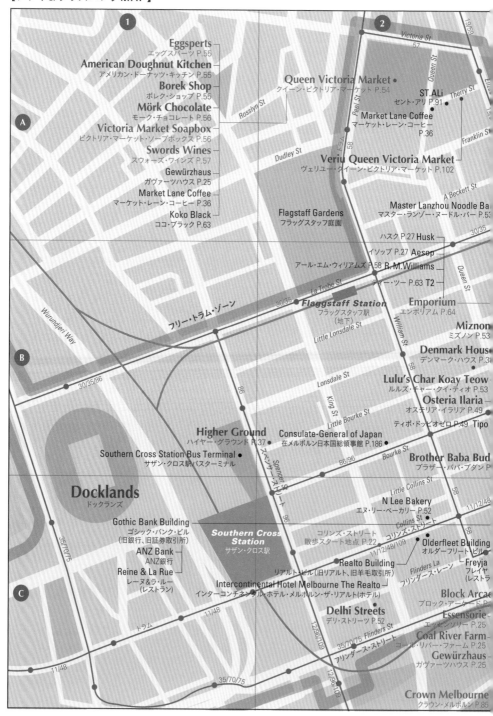

Eggsperts
エッグスパーツ P.55

American Doughnut Kitchen
アメリカン・ドーナッツ・キッチン P.55

Borek Shop
ボレク・ショップ P.55

Mörk Chocolate
モーク・チョコレート P.56

Victoria Market Soapbox
ビクトリア・マーケット・ソープボックス P.56

Swords Wines
スウォーズ・ワインズ P.57

Gewürzhaus
ガヴァーツハウス P.25

Market Lane Coffee
マーケット・レーン・コーヒー P.36

Koko Black
ココ・ブラック P.63

Queen Victoria Market •
クイーン・ビクトリア・マーケット P.54

ST.ALi
セント・アリ P.91 •

Market Lane Coffee
マーケット・レーン・コーヒー
P.36

Veriu Queen Victoria Market
ヴェリユー・クイーン・ビクトリア・マーケット P.102

Master Lanzhou Noodle Ba
マスター・ランゾー・ヌードル・バー P.5;

Flagstaff Gardens
フラッグスタッフ庭園

Victoria St
57

Queen St

Thierry St

Franklin St

A'Beckett St

ハスク P.27 Husk

イソップ P.27 Aesop

アール・エム・ウィリアムズ P.58 R.M.Williams

ティー・ツー P.63 T2

Emporium
エンポリアム P.64

Miznon
ミズノン P.53

Denmark House
デンマーク・ハウス P.3

Lulu's Char Koay Teow
ルルズ・チャー・クイ・ティオ P.53

Osteria Ilaria
オステリア・イラリア P.49

ティポ・ドッピオゼロ P.49 Tipo

Higher Ground
ハイヤー・グラウンド P.37

Consulate-General of Japan
在メルボルン日本国総領事館 P.186 •

Brother Baba Bud
ブラザー・ババ・ブダン P

Southern Cross Station Bus Terminal •
サザン・クロス駅バスターミナル

Docklands
ドックランズ

N Lee Bakery
エヌ・リー・ベーカリー P.52

Gothic Bank Building
ゴシック・バンク・ビル
(旧銀行、旧証券取引所)

ANZ Bank
ANZ銀行

Reine & La Rue
レーヌ＆ラ・ルー
(レストラン)

Southern Cross
Station
サザン・クロス駅

コリンズ・ストリート
散歩スタート地点 P.22

Collins St

Olderfleet Building
オルダーフリート・ビル

Realto Building
リアルト・ビル(旧リアルト、旧羊毛取引所)

Intercontinental Hotel Melbourne The Realto
インターコンチネンタル・ホテル・メルボルン・ザ・リアルト(ホテル)

Freyja
フレイヤ
(レストラ

Block Arcad
ブロック・アーケード

Delhi Streets
デリ・ストリーツ P.52

Essensorie
エッセンソリー P.25

Flinders St

Coal River Farm
コール・リバー・ファーム P.25

Gewürzhaus
ガヴァーツハウス P.25

Crown Melbourne
クラウン・メルボルン P.85

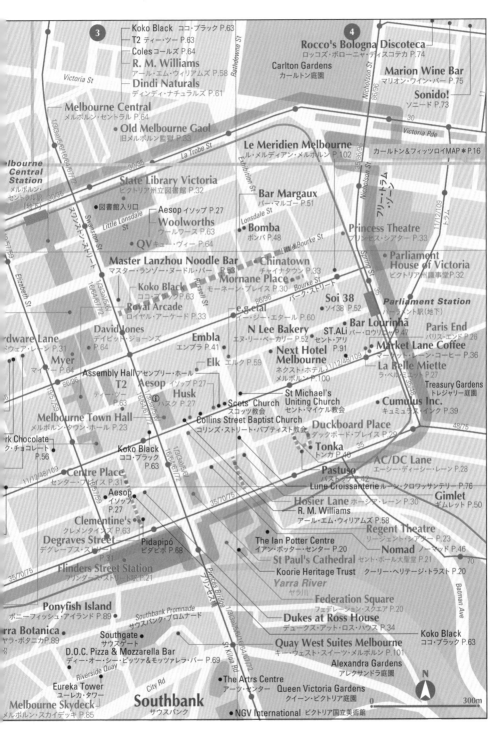

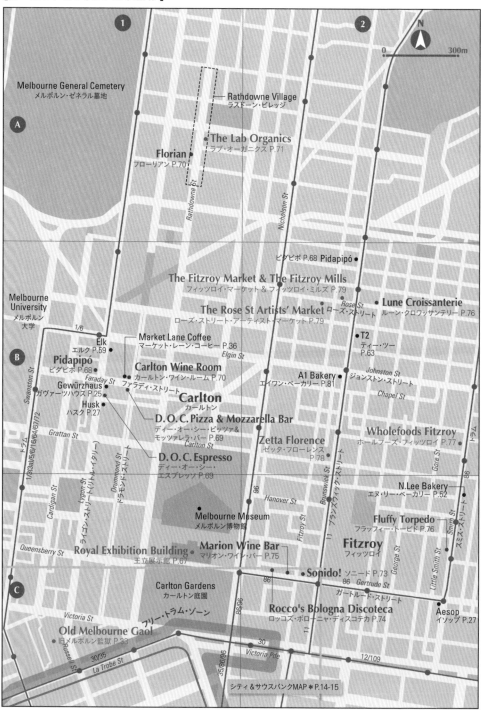

① ②

N

0 300m

Melbourne General Cemetery
メルボルン・ゼネラル墓地

A

Rathdowne Village
ラスドーン・ビレッジ

The Lab Organics
ラブ・オーガニクス P.71

Florian
フローリアン P.70

Rathdowne St

Nicholson St

ビダピポ P.68 Pidapipó ●

The Fitzroy Market & The Fitzroy Mills
フィッツロイ・マーケット＆フィッツロイ・ミルズ P.79

Melbourne
University
メルボルン
大学

The Rose St Artists' Market
ローズ・ストリート・アーティスト・マーケット P.79

Rose St
ローズ・ストリート

Lune Croissanterie
ルーン・クロワッサンテリー P.76

1/6

Elk
エルク P.59 ●

Market Lane Coffee
マーケット・レーン・コーヒー P.36

Elgin St

T2
ティー・ツー
P.63

B

Pidapipó
ビダピポ P.68 ●

Carlton Wine Room
カールトン・ワイン・ルーム P.70

Faraday St
ファラデイ・ストリート

A1 Bakery ●
エイワン・ベーカリー P.81

Johnston St
ジョンストン・ストリート

Gewürzhaus
ガヴァーツハウス P.25

Husk ●
ハスク P.27

Carlton
カールトン

Chapel St

Swanston St

D.O.C.Pizza & Mozzarella Bar
ディー・オー・シー・ピッツァ＆
モッツァレラ・バー P.69

Zetta Florence
ゼッタ・フローレンス
P.78

Wholefoods Fitzroy
ホールフーズ・フィッツロイ P.77

Gore St

1/3/3a/5/6/16/64/67/72

Grattan St

Drummond St
ドラモンド・ストリート

Lygon St
ライゴン・ストリート（リトルイタリー）

Carlton St

D.O.C.Espresso
ディー・オー・シー・
エスプレッソ P.69

Brunswick St
ブランズウィック・ストリート

N.Lee Bakery
エヌ・リー・ベーカリー P.52

Smith St
スミス・ストリート

86

96

Hanover St

Fitzroy St

Fluffy Torpedo
フラッフィー・トーピド P.76

Cardigan St

Queensberry St

Royal Exhibition Building
王立展示館 P.67

Marion Wine Bar
マリオン・ワイン・バー P.75

Melbourne Museum
メルボルン博物館

Fitzroy
フィッツロイ

George St

Little Smith St

86

C

Carlton Gardens
カールトン庭園

Sonido! ソニード P.73

86 Gertrude St
ガートルード・ストリート

86/96

Rocco's Bologna Discoteca
ロッコズ・ボローニャ・ディスコテカ P.74

Aesop
イソップ P.27

Victoria St

フリー・トラム・ゾーン

Old Melbourne Gaol
旧メルボルン監獄 P.33

Russell St

30/35

La Trobe St

35/36/96

30

Victoria Pde

12/109

11

シティ＆サウスバンクMAP ＊ P.14-15

【サウス・メルボルンMAP】

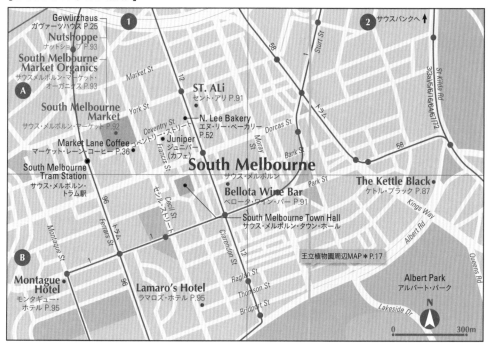

【王立植物園周辺MAP】

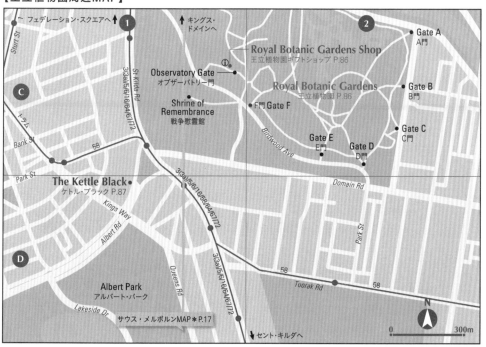

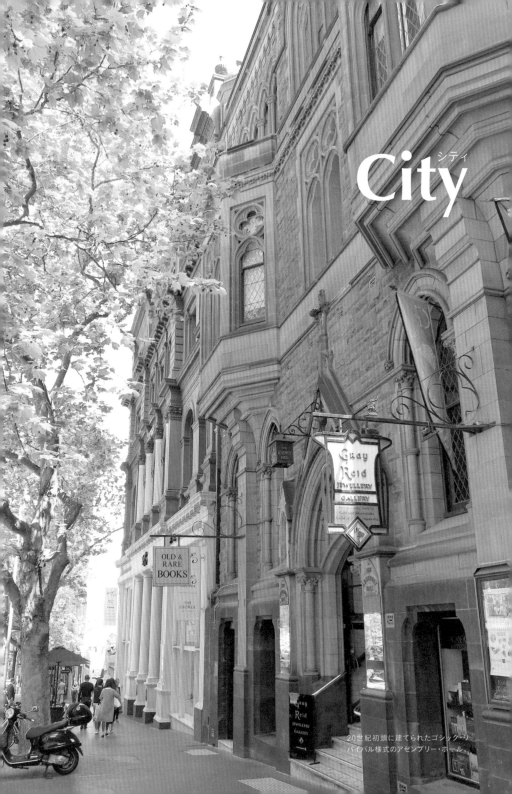

City
シティ

20世紀初頭に建てられたゴシック・リバイバル様式のアセンブリー・ホール。

左・小さなカフェが軒を連ねる路地「ブロック・プレイス」。／右・おしゃれなお店が並ぶ通り「フリンダース・レーン」の花屋。

歴史とトレンドが交差する中心地

メルボルンの町の中心となっているのが、ヤラ川北岸に広がるシティと呼ばれるエリア。数多くのオフィスが集まっていることから、セントラル・ビジネス・ディストリクト（Central Business District）、略してCBD（シー・ビー・ディー）とも呼ばれます。

メルボルンの町ができた19世紀から現在に至るまで、メルボルンの中心として栄え続けてきたシティには、古いものから新しいものまでさまざまな魅力が詰まっています。「素晴らしきメルボルン」と呼ばれたゴールドラッシュ時代の壮麗な街並みと、トレンドの最先端を同時に楽しめる町 ── それが、メルボルンのシティです。東西1マイル（約1.6km）×南北0.5マイル（約0.8km）のエリアに道路が碁盤の目状に敷かれているので、はじめて訪れても迷うことなく歩きやすいのも魅力。さらにシティ内はトラムが無料なので、観光の足としてどんどん活用しましょう。

メルボルンの町をより魅力的にしているのが、レーンウェイと呼ばれる細い路地や、アーケードと呼ばれる屋根つきの小道の存在。路地の壁面がストリートアートで埋め尽くされていたり、隠れ家のようなおしゃれなバーがある一方

で、19世紀にタイムスリップしたかのようなレトロなアーケードや石畳の道が残っていたり……。シティの路地やアーケードには、驚きがいっぱい隠されています。

またシティでは、おいしいコーヒーを飲んだり、レストランやバーでクリエイティブな料理に舌鼓をうったり、美食の町メルボルンならではの楽しみもお忘れなく。メルボルン流のグルメを満喫するために、カフェやレストラン選びにもぜひこだわってみてください。

フリー・トラム・ゾーンって？

メルボルンでは、シティ内とシティの西隣りの再開発地区ドックランズの一部をカバーするエリアが「フリー・トラム・ゾーン」となっていて、このゾーン内ではどのトラムでも無料で利用できます。くわしいトラムの利用方法については、巻末の旅のヒント（P.183）で確認を。

シティ内には1、2ブロックごとにトラムの停留所があるので、気軽に利用しよう。

メルボルンの街歩きはここから

メルボルンに到着したら、まずはフリンダース・ストリートとスワンストン・ストリートが交わる交差点へ向かいましょう。数多くのトラム路線が往き来するこの交差点は、シティの中心ともいえる場所。フェデレーション・スクエア、フリンダース・ストリート駅、セント・ポール大聖堂という3つのランドマークが集まっています。

砂岩の石畳が敷きつめられた広場は、オーストラリアの大地を表現している。

砂岩の石畳が美しい公共広場
Federation Square
フェデレーション・スクエア

　2002年につくられた近代的な広場。広場に建つビルのなかにはさまざまな施設や飲食店が入っていますが、とくにおすすめしたいのはビクトリア国立美術館（NGV）所蔵のオーストラリアン・アートが無料で見学できる「イアン・ポッター・センター」と、ビクトリア州のアボリジニ団体が運営する「クーリー・ヘリテージ・トラスト」です。クーリー・ヘリテージ・トラストでは、アボリジニ・アートの展示を見られるほか、併設ショップでアボリジニ・アーティストがデザインした素敵なアクセサリーや小物を購入することもできます。

左・イアン・ポッター・センターには、幅広い時代のオーストラリアン・アートが展示されている。／右・NGVと書かれた看板の右手から建物内に入り、階段を降りるとイアン・ポッター・センターの入り口がある。

上・クーリー・ヘリテージ・トラストの入り口にはKHTと書かれた大きな看板がある。／下・ビクトリア州に住むアボリジニ（オーストラリア先住民）の人たちのことをクーリーと呼ぶ。

The Ian Potter Centre (NGV Australia)
https://www.ngv.vic.gov.au/visit/

Koorie Heritage Trust
https://koorieheritagetrust.com.au

Cnr. Swanston & Flinders Streets, Melbourne
http://fedsquare.com
MAP＊P.15[C-3]

ドーム型の屋根がエレガント

Flinders Street Station
フリンダース・ストリート駅

2017年にはファサードの補修工事が行われ、1910年当時のベージュ系の色調が復活した。

　19世紀、ゴールドラッシュの最中につくられたオーストラリア初の鉄道駅。町の発展に伴い、1910年にはエドワーディアン・バロック様式の壮麗な駅舎に建てかえられ、竣工後100年以上経った今も、メルボルンのシンボル的存在です。

Cnr. Swanston & Flinders Streets, Melbourne／☎03-9610-7476
https://www.ptv.vic.gov.au／MAP＊P.15[C-3]

駅舎の入り口に並ぶアナログ時計の下は、定番の待ち合わせスポット。

3つの尖塔が空高くそびえ立つ

St Paul's Cathedral
セント・ポール大聖堂

　1891年に完成した英国国教会の大聖堂。フリンダース・ストリート駅とともに、メルボルンを代表するランドマークとなっています。厳かな雰囲気に包まれた教会内部も美しいので、ぜひ見学を。定期的に教会コンサートも開かれています。

Cnr. Swanston & Flinders Streets, Melbourne
☎03-9653-4333／https://cathedral.org.au
◷10:00〜18:00(土曜15:00)日曜は見学不可
【入館料】無料／MAP＊P.15[C-3]

3本の尖塔は1926年に増築されたもの。それ以前は尖塔のない大聖堂だった。

21

コリンズ・ストリートを歩いてみよう

MAP＊P.14[C-2]

シティを東西に貫くコリンズ・ストリートは、歴史的建造物が数多く並ぶ大通り。キング・ストリートとの交差点から東に向かって、ぶらぶらと歩いてみましょう。

START!

19世紀後半に建てられたリアルト・ビルと旧羊毛取引所。現在はインターコンチネンタル・メルボルン・ザ・リアルトになっている。

Realto Building

Block Arcade(P.24)

Gothic Bank Building

19世紀後半に銀行と証券取引所として建てられた美しいゴシック様式の建物。現在はANZ銀行の店舗と、「レーヌ＆ラ・ルー」というエレガントなレストラン＆バーが入っている。

Reine & La Rue
https://reineandlarue.melbourne

Olderfleet Building

ベネチアンゴシック様式の美しいオルダーフリート・ビルには「フレイヤ」というモダンな北欧料理レストランが入っている。

Freyja
https://www.freyjarestaurant.com

Collins st

Regent Theatre
リージェント・シアター

191 Collins St., Melbourne
☎1300-111-011（チケットセンター）
https://marrinergroup.com.au/
regent-theatre

リージェント・シアターを越えたあたりからコリンズ・ストリート東端までは、美しい教会や高級ブティックが軒を連ねるエレガントなエリア。

リージェント・シアターはロココ調の内部もゴージャス。観劇には少しドレスアップして出かけたい。

Collins Street Baptist Church

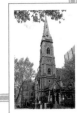

Collins st

1862年に建てられた白亜の美しい教会、コリンズ・ストリート・バプティスト教会。

1874年に完成した重厚な石づくりのスコッツ教会。月〜金曜の午前10時から午後2時まで見学OK。

Scots' Church

19世紀に建てられたメルボルン・タウン・ホールは、今現在も市庁舎として使われている。内部の無料見学ツアーは、月水〜金曜に催行。下記サイトから予約を。入り口はスワンストン・ストリートに面している。

レンガづくりのセント・マイケル教会は1867年完成。木曜には無料オルガンリサイタルも。スケジュールはサイト（https://stmichaels.org.au）で確認を。

St Michael's Uniting Church

Melbourne Town Hall
メルボルン・タウン・ホール

90-130 Swanston St., Melbourne
☎03-9658-9658
https://whatson.melbourne.vic.gov.au/things-to-do/
melbourne-town-hall-tours

Paris End（P.26）

GOAL!

歩きはじめたキング・ストリートの交差点からコリンズ・ストリートの東端までは約1.5km。
歩き疲れたら、トラムに乗って車窓から見学するのもいいでしょう。

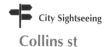

メルボルンいち美しいアーケード
Block Arcade
ブロック・アーケード

1892年から続くエレガントなショッピング・アーケード。ドーム型の高い天井とモザイクの床が美しく、クラシカルな雰囲気があふれる人気のスポットです。コリンズ・ストリートに面した入り口からなかに入ると、エリザベス・ストリートとリトル・コリンズ・ストリートまでアーケードが続いていて、各種専門店やブティック、ギャラリー、ティールーム、カフェなどが並んでいます。

282 Collins St., Melbourne
☎03-9654-5244
https://theblock.com.au
🕐8:00～18:00（金曜20:00）、
　土曜8:00～17:00、
　日曜9:00～17:00、
　無休
MAP＊P.15[B-3]

繊細な彫刻が随所に施された内部。ガラスの天井からは、やわらかな光が差し込む。

アーケードは、エリザベス・ストリートやリトル・コリンズ・ストリートまで続いている。

ナチュラルな香りに
心が癒される

Essensorie
エッセンソリー

シュッとひと吹きする
だけで部屋いっぱい
にユーカリのさわや
かな香りが。ホーム
パフューム$42。

　メルボルン発の自然派フラグランスの店。植物から抽出した
エッセンシャルオイルを使ったスキンケア商品が手に入ります。
おみやげには、ユーカリやレモンマートルなどオーストラリア原
産の植物を使ったものがとくにおすすめです。

商品は店舗の2階で
つくられている。

ユーカリの香りのフッ
ト・クリーム（左）とレ
モンマートルの香り
のハンドクリーム
（右）各$24。

Shop 3, The Block Arcade, 282 Collins St., Melbourne
https://essensorie.com
⊙10:00〜18:00（土日曜17:00）、無休／MAP＊P.15[B-3]

タスマニアの農場直営ショップ＆カフェ

Coal River Farm
コール・リバー・ファーム

　タスマニアの農場でつくっているチョコレートとチーズが買え
るお店。ショーケースのなかには宝石のように美しくておいしい
チョコレートがずらりと並んでいます。カフェではチーズトースト
やチーズとスイーツの盛り合わせもいただけます。

プラリネは8個入
$26.90〜。ハーブ
やナッツがちりば
められた板チョコ
$12.80もある。

Shop 16, The Block Arcade, 282 Collins St., Melbourne
☎03-9663-2986／https://www.coalriverfarm.com.au
⊙9:00〜17:00、無休／MAP＊P.15[B-3]

お店の前のテラス席の
ほか、2階にもカフェス
ペースがある。

※タスマニアのホバート（MAP＊P.165）、ローンセストン（MAP＊P.175）にも店舗あり

左・エキゾチックなスパイスの香りが漂う店内。店員もフレンドリー。／右・
必要な分量だけ袋に詰めて買うこともできる。

Shop 26, The Block Arcade, 282 Collins St., Melbourne
☎03-9639-6933／https://gewurzhaus.com.au
⊙9:30〜17:00、日曜10:00〜16:00、無休／MAP＊P.15[B-3]

かわいいスパイス屋

Gewürzhaus
ガヴァーツハウス

　世界中から集めたスパイスやハーブの
専門店。レモンマートルやソルトブッシュと
いったオーストラリアに自生するハーブや
スパイスは、おみやげにもぴったりです。
スパイス以外にも、キッチン雑貨などがた
くさんそろっている楽しいお店です。

※クイーン・ビクトリア・マーケット（MAP＊P.14[A-2]）、カールトン（MAP＊P.16[B-1]）ほかにも店舗あり

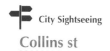

ヨーロッパを思わせる街並み

Paris End
パリス・エンド

19世紀に建てられたエレガントな建物が数多く残るパリス・エンド。

高級ブランドショップ
や老舗ブティックが軒
を連ねる。

高級感あふれるコリンズ・ストリートのなかでももっともエレガントなのが、パリス・エンドと呼ばれるスプリング・ストリート寄りのエリア。20世紀中頃、メルボルンではじめてこのエリアの歩道にテーブルが並ぶカフェができました。その景観がパリのシャンゼリゼを思わせることから、パリス・エンドという名前で呼ばれるようになったのだとか。テラス席のあるカフェが街じゅうに見られるようになった今でも、プラタナスの並木道に高級ブティックが並ぶこの周辺は、パリス・エンドという名前がぴったり。ウインドーショッピングを楽しみながら散策するのが楽しいところです。

MAP＊P.15[B-4]

小さなお店ながら、品ぞろえは豊富。シックな色合いの商品が多い。

ユニークなデザインのネックレス。

落ち着いた大人のブティック

Husk ハスク

カジュアルブランドから高級自社ブランドまで、国内外から選りすぐった質のいい洋服や小物がそろうエレガントなブティック。コリンズ・ストリートという場所柄、上品なデザインのものが多く、落ち着いた大人の女性におすすめのお店です。

176 Collins St., Melbourne／☎0487-709-303／https://husk.com.au
🕙10:00〜17:00、日曜11:00〜16:00、無休／MAP＊P.15[B-3]

※エンポリアム（MAP＊P.15[B-3]）、カールトン（MAP＊P.16[B-1]）、ソレント（MAP＊P.131）ほかにも店舗あり

肌にやさしい自然派スキンケア

イソップ Aesop

日本にもファンが多い、メルボルン発の自然派スキンケアブランド。植物成分を配合したスキンケア製品は、すっと肌になじむやさしいつけ心地と、心が癒されるような自然な香りが魅力です。近年は日本にも支店が増えましたが、メルボルンでは街のあちらこちらに点在。大切な人へのおみやげにぜひ。

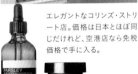

エレガントなコリンズ・ストリート店。価格は日本とほぼ同じだけれど、空港店なら免税価格で手に入る。

162 Collins St., Melbourne／☎03-8637-0385／https://www.aesop.com/au
🕙10:00〜18:00、日曜11:00〜17:00、無休／MAP＊P.15[B-3]

※シティにはフリンダース・レーン（MAP＊P.15[C-3]）ほか3店舗、フィッツロイ（MAP＊P.16[C-2]）、メルボルン国際空港（MAP＊P.12[B-1]）などにも店舗あり

マカロンは1個$3。オーストラリア産アーモンドパウダーやフランス産ゲランドの塩など、良質の材料が使われている。

アーモンドの香り豊かな極上マカロン

La Belle Miette ラ・ベル・ミエット

まるで絵本のなかから出てきたようなかわいいマカロン屋。ショーケースには塩キャラメルやジン＆トニックなどさまざまなフレーバーのマカロンが並んでいます。苺とルバーブとパッションフルーツを使ったピンク色のマカロンがとくにおすすめです。

8 Collins St., Melbourne
☎03-9024-4528／https://www.labellemiette.com.au
🕙10:00〜17:00（木金曜18:00）、日曜11:00〜15:00、無休
MAP＊P.15[B-4]

個性あふれる
レーンウェイをめぐる
Laneways

メルボルンのシティには、レーンウェイと呼ばれる細い路地があちこちに張りめぐらされています。これらの路地は、もともと、ゴミなどをビルの裏口から回収するためにつくられたもの。ところがいつの頃からか、安い賃料に惹かれた人たちが、バーやカフェをオープンしはじめました。

建物の壁面がキャンバスと化した路地や、隠れ家のようなお店がある路地など、かつては人の目に触れてほしくないもののために存在した路地が、今ではすっかりトレンドの発信地に！レーンウェイを歩かずして、メルボルンの今の魅力を語ることはできません。

◎メルボルンのストリートアートは、ビルのオーナーが承諾した場合に限り合法。オーナーが壁面をストリートアーティストたちに開放しているケースも多い一方、承諾なしで絵やグラフィティなどが描かれた場合には、オーナーが市に通報すれば、消してもらえることになっている

Street Art

Duckboard Place

MAP＊P.15[B-4]

フリンダース・レーンからL字型にのびる路地ダ
ックボード・プレイスは、ストリートアートや、高
電線に靴がぶら下がったユニークなアートや、高
いビルの壁一面に描かれた大きな作品もある。
ダックボード・プレイスとエー・シー・ディーシ
ー・レーンは、コの字型につながっている。

AC/DC Lane

MAP＊P.15[B-4]

オーストラリア出身のロックバ
ンド AC/DCの名前がついた路
地エーシー・ディーシー・レ
ーン。壁面に描かれたアート
は頻繁に変わるけれど、この
路地にはいつも、何かしら音
楽に関わる絵が描かれている。

Hosier Lane

MAP＊P.15 [B-3]

ホージア・レーンは、メルボルンのストリートアートの発祥地ともいえる場所。観光名所として、多くの人が訪れる。路地の壁面はもちろんのこと、高いビルの壁面にも大作が描かれている。

Mornane Place

MAP＊P.15 [B-4]

モーネーン・プレイスは、パーク・ストリートの裏手にある袋小路。わずか40mほどの路地にストリートアートがたくさん描かれている。

Hardware Lane

MAP＊P.15[B-3]

テラス席を設けたレストランやバーが
軒を連ねるハードウェア・レーン。お
昼時になると、人気店の前には行列が
できることも。

Centre Place

MAP＊P.15[B-3]

センター・プレイスには、
小さなカフェやバーがとこ
ろせましと軒を連ねている。
まるで日本のガード下のよ
うな、楽しさと活気が味わ
える場所。

Degraves Street

MAP＊P.15[C-3]

カフェがずらりと並ぶデグレーブ
ス・ストリートは、レーンウェイめ
ぐりの定番スポット。道の真ん中に
設けられた屋外席が人気。

ゴールドラッシュの面影をたどる

19世紀中頃、金塊が発見され、ゴールドラッシュの時代を迎えたメルボルン。一攫千金を夢見て世界中から人が集まり、金から得た潤沢な資金をもとに壮麗な建物が数多く建てられました。メルボルンにはその当時の美しい建物が数多く残っていますが、ここでは、そのなかでも、代表的な6つのスポットをご紹介。シティに点在する、ゴールドラッシュの面影をめぐってみましょう。

Parliament House of Victoria

ビクトリア州議事堂

神殿のような円柱が印象的な州議事堂。当初の計画では中央にドームがつく予定でしたが、ゴールドラッシュの終焉により資金が枯渇してしまったのだとか。議事堂内部も豪華絢爛です。

Spring St., East Melbourne／☎03-9651-8911
https://new.parliament.vic.gov.au/visit/
🕒8:30～17:30、土日曜・祝日休
※議会閉会期中の平日および議会開会期中の月金曜は内部の無料見学ツアーあり（1日5回、予約不要、パスポート要、先着25名まで。詳細はウェブサイトへ）
MAP＊P.15[B-4]

State Library Victoria

ビクトリア州立図書館

1856年にオープンした図書館。中央ドームにある八角形のラ・トローブ閲覧室（La Trobe Reading Room）は、図書館とは思えない美しさ。公共の図書館なので、誰でも自由に出入りしてOK。無料Wi-Fiも飛んでいます。

328 Swanston St., Melbourne
☎03-8664-7000／https://www.slv.vic.gov.au
🕒10:00～18:00、1月1日・聖金曜日・12月25・26日休
※ラ・トローブ閲覧室へはエレベーターでLevel3、ラ・トローブ閲覧室を見下ろすビューイング・バルコニーへはLevel6へ
MAP＊P.15[A-3]

Royal Arcade
ロイヤル・アーケード

バーク・ストリートとリトル・コリンズ・ストリートをつなぐ、メルボルンでもっとも古いショッピング・アーケード。アーケード内には、ゴグとマゴグという人形がついた19世紀の仕掛け時計があり、1時間ごとに鐘を鳴らします。

335 Bourke St., Melbourne
☎03-9639-8911／https://royalarcade.com.au
⊘7:00（土曜8:00）〜19:00（金曜20:30）、日曜9:00〜19:00、
　　無休（アーケード内店舗の営業日、営業時間は各店舗により異なる）
MAP＊P.15[B-3]

Princess Theatre
プリンセス・シアター

メルボルンでもっともエレガントな劇場。19世紀、この劇場で公演中に亡くなったオペラ歌手フェデリッチの幽霊が、今でも出没するという噂も……。現在も劇場として使われていて、一流のミュージカルを観ることができます。

163 Spring St., Melbourne／☎1300-111-011（チケットセンター）
https://marrinergroup.com.au/princess-theatre
MAP＊P.15[A-4]

Chinatown
チャイナタウン

ゴールドラッシュ時代、金鉱へ向かう中国人労働者に宿や食料などを提供する場として、リトル・バーク・ストリートにチャイナタウンが形成されました。アジア以外に現存する最古のチャイナタウンといわれています。

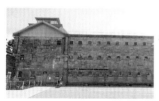

Old Melbourne Gaol
旧メルボルン監獄

19世紀中頃に建てられた石づくりの頑強な監獄。ゴールドラッシュ時代の伝説的盗賊ネッド・ケリーも、この監獄で処刑されました。監獄は1929年に閉鎖され、現在は観光アトラクションとして内部公開されています。

377 Russell St., Melbourne／☎03-9656-9889
https://www.oldmelbournegaol.com.au
⊘10:00〜17:00（最終入館15:00）、聖金曜日・12月25日休
※ナイトツアーあり。催行日時はウェブサイトで確認を。要予約
【入館料】$35（ナイトツアーは$40）／MAP＊P.15[A-3]、P.16[C-1]

Little Bourke St., Melbourne
https://chinatownmelbourne.com.au
MAP＊P.15[B-4]

Dukes at Ross House

デュークス・アット・ロス・ハウス

メルボルンで おいしいコーヒーを

メルボルニアンはコーヒーが大好き。町のいたるところにカフェがあり、平日の朝には、オフィスへ向かう途中にコーヒーを買い求める人たちの列ができます。本格的なカフェ文化がメルボルンに花開いたのは、20世紀中頃。第二次世界大戦後、メルボルンには多くの移民がイタリアからやってきました。そして、エスプレッソ式のコーヒーを出すカフェが次々とオープンしたのです。古くからコーヒー文化が根づいていたメルボルンには、コーヒーの淹れ方だけでなく豆の仕入れから焙煎まで、すべてにおいてこだわりぬいたコーヒーを出すお店がたくさんあります。自宅用の豆を売っているお店も多いので、おみやげにもおすすめです。

オーストラリアでは、フラット・ホワイトと呼ばれるコーヒーの淹れ方があります。カフェラテよりもミルクが少なめで、コーヒーの味をより強く感じられるので、濃い目のミルクコーヒーが好きな人はぜひお試しを。

上・レトロなタイル床が素敵な店内。ショーケースにはペイストリーやスイーツが並ぶ。／左・コーヒーの味がしっかりと感じられるデュークス・エスプレッソ・ブレンドのラテ$5。

行列が絶えないカフェ

デュークス・コーヒー・ロースターズというコーヒー豆の焙煎業者が経営するカフェ。活気があって、店員も明るく、楽しい気持ちにさせてくれるお店です。コーヒーを買い求める人がいつも列を成していますが、テイクアウェイのお客が多いので、奥に入るとカウンター席が意外と空いていることも。小さなお店ですが、ペイストリーやスイーツの種類が豊富なのもうれしいところ。もちろんコーヒーも絶品！

247 Flinders La., Melbourne／https://www.dukescoffee.com.au
🕐7:00〜16:30、土曜8:00〜17:00、日曜・祝日休
MAP＊P.15[C-3]

Brother Baba Budan

ブラザー・ババ・ブダン

天井から椅子がぶら下がるカフェ

さまざまな形のビンテージ椅子が吊り下がった
天井は、まるでモダンアート作品のよう。

　たくさんの椅子が天井からぶら下がる、なんともおしゃれでユニークなカフェ。ブラザー・ババ・ブダンというおもしろい店名は、かつてイエメンで持ち出し禁止になっていたコーヒーの種を7粒、インドにこっそり持ち出した人の名前に由来しているのだそう。それまでアラビア半島でしか栽培されていなかったコーヒーが、今や世界中で栽培されるようになったのは、この人のおかげなのだとか。

　私はこのお店のラテが大好き。コーヒーの苦味がありながら、まろやか。そして、スチームミルクの口当たりがベルベットのようになめらかで、コーヒーとのバランスが素晴らしいのです。

バリスタの腕が光る、ベルベットのようになめらかでまろやかなラテ$5。

左・上・小さな店内はいつもお客でいっぱい。テラス席もある。／右・コーヒー豆を買うこともできる。250g$19〜。

359 Little Bourke St., Melbourne
☎03-9347-8664／https://sevenseeds.com.au
🕐7:00(土日曜8:00)〜17:00、無休(祝日はウェブサイトで確認を)
MAP＊P.15[B-3]

Market Lane Coffee
マーケット・レーン・コーヒー

コーヒー通なら誰もが知る名店

　コーヒーが好きなメルボルニアンなら誰もが知るコーヒーの名店です。メルボルン近郊のプラーン・マーケット内にある店舗が本店ですが、シティのパリス・エンドにあるこのお店が私のお気に入り。コリンズ・ストリートらしい歴史を感じさせる建物のなかにあり、インテリアもシックで、とても落ち着きます。エスプレッソ式のコーヒーだけでなく、プア・オーバーと呼ばれるハンドドリップ式のコーヒーも人気。またコーヒー豆だけでなく、ミルクもビクトリア州の特定酪農業者のオーガニックミルクを使用するというこだわりよう。何を飲んでもおいしいお店です。

その時期にもっともおいしい、旬の豆を仕入れることをモットーとしている。コーヒー豆250g $20〜。

8 Collins St., Melbourne
☎03-9804-7434
https://marketlane.com.au
◷7:00〜16:00、土日曜休
MAP＊P.15[B-4]

※クイーン・ビクトリア・マーケット（MAP＊P.14[A-2]）、カールトン（MAP＊P.16[B-1]）、サウス・メルボルン（MAP＊P.17[A-1]）、ブランズウィック（MAP＊P.13[A-2]）ほかにも店舗あり

ブルーとグレーのパステルカラーを基調としたインテリアが、上品で素敵。

Higher Ground

ハイヤー・グラウンド

料理もおいしいおしゃれカフェ

むき出しのレンガ壁と大きな窓、そして高い天井が、なんともおしゃれなカフェ。この建物は、19世紀に発電所として建てられたものなのだそう。驚くほど広い空間ですが、パーティションでうまく仕切られていたり、段差でフロアが分けられているので、ほどよくプライバシーが保たれていてリラックスできます。

お酒も出しているので、朝からスパークリング・ワインを楽しんでいる人も！ コーヒーはもちろんのこと料理の種類も豊富でおいしいので、レストランとしても利用できる、使い勝手のいいお店です。

650 Little Bourke St., Melbourne
☎03-8899-6219
https://highergroundmelbourne.com.au
🕐7:00(土日曜7:30)〜17:00、無休
MAP＊P.14[B-2]

ドライフルーツがたっぷり入ったフルーツ・トースト$11。

タッコロの気分／リコッタ・ホットケーキ$28は巨大なのでシェアして！

メニューにはのっていないけれど、ショーケースに並ぶペイストリーを注文することもできる。

大きな窓から差し込む光と、店内にたくさんおかれた観葉植物の緑が心地いい。

シティで食べて、飲んで、
楽しんで！

メルボルンに住むようになって気づいたのは、レストランのよし悪しは決してシェフの腕だけで決まるものではないのだなあ、ということ。あっと驚くような素敵なインテリア、ゆったりとくつろげる居心地のよさ、お店の人のにこやかな対応など——。それらを通じて、オーナーやシェフの心意気が伝わってくるレストランで食事をした後は、本当に気分がいいものです。

美食の町として知られるメルボルンには、おいしいレストランがたくさんあります。料理のおいしさに加え、メルボルンならではのおしゃれな雰囲気を楽しめるお店や、フレンドリーなサービスを堪能できるお店をセレクトしました。

焼きたてのデニッシュ$5。

Denmark House
デンマーク・ハウス

北欧のオープンサンドに舌鼓

ここは、メルボルンに住むデンマーク人の会「デンマーク・クラブ」の会員が集まる場所。レストランは一般の人も利用可能で、デンマークの国民食「スモーブロー」がいただけます。酸味のあるライ麦パンの上に具をたっぷりのせたスモーブローは、シンプルな料理でありながら、計算された味の組み合わせが秀逸。メニューには18種のスモーブローが並び、1個単位で注文。もしくはおまかせ5個セット$49を頼んで複数人でシェアしてもOK。食後にはデニッシュもぜひ！

上・スモーブローは1個$9.50〜$13。具だくさんでボリュームたっぷり。／左・デンマークのナショナルカラーである赤を使った北欧風のかわいいインテリア。

Level 3, 428 Little Bourke St., Melbourne
☎03-9600-4477／https://denmarkhouse.com.au
◷12:00〜15:00（木金曜21:00）、土日休
※夜はスモーブロー以外の料理が主流
MAP＊P.14[B-2]

Cumulus Inc.

キュムラス・インク

左・ツナのタルタルは、マグロの刺身にゴート
チーズ、グリーンピース、ハーブを組み合わ
せた人気メニュー＄32。／右・さっと火を通し
たイカに、ラディッシュとクルトンを組み合わ
せたサラダ風の一品。

メルボルニアンのお気に入り

　モダン・オーストラリア料理の人気店。メニューにはお
つまみからボリュームのあるものまでさまざまな料理が並ん
でいますが、とくにおすすめしたいのは、旬の野菜や魚介
類を使った前菜風のもの。食材選びから調理の仕方、味
付けまで、シェフの腕が光る繊細な味が楽しめます。シェ
アすることを前提としたメニューになっているので、軽くす
ませたい場合はメインを頼まずにシャルキュトリーや前菜
系のものを数品頼んでシェアしても構いません。しっかり食
べたい時や大人数でシェアする場合はラム肉のロースト＄
85がおすすめです。

低温でじっくりとローストしたラム肉は、驚く
ほどやわらか。1.2kgとボリュームたっぷりな
ので、4人以上でシェアしたい。

45 Flinders La., Melbourne
☎03-9650-1445
https://www.cumulusinc.com.au
⊙12:00〜22:00（金〜日曜23:00）、無休
MAP＊P.15 [B-4]

明るくてカジュアルな雰囲気
の店内。カウンター席もあるの
でひとりでも利用しやすい。

ヨーグルトソースとの相性も抜群！
インドのスパイスがきいたタルタルステーキ$32。

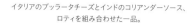
イタリアのブッラータチーズとインドのコリアンダーソース、
ロティを組み合わせた一品。

Tonka

トンカ

枠にとらわれない斬新なインド料理

　グラフィティに覆われた細い路地の奥に見える「TONKA」のサイン。入っていくのをためらってしまいそうな外観ですが、店内に一歩足を踏み入れると、そのおしゃれな空間にびっくりさせられるはず。メニューには定番のインド料理も並んでいますが、私がいつも楽しみにしているのは、おつまみや前菜のセクションに並ぶ斬新な創作料理の数々。食材とスパイスの組み合わせが素晴らしく、そのアイディアとセンスのよさには思わず感嘆の声を上げてしまうほど。インド料理の枠組みを超えた素晴らしい料理をぜひ堪能してください。

バーでは平日のランチ午後2時までに限り、カレーセット（Thali）$29を食べることができる。

20 Duckboard Pl., Melbourne
☎03-9650-3155
https://www.tonkarestaurant.com.au
🕐12:00〜15:00、17:30〜24:00、
　金〜日曜12:00〜24:00、無休
MAP＊P.15［B-4］

左・チョコレートでつくった器のなかにチョコレートムースを詰めたデザート。まるで芸術作品のように美しい。／右・グラフィティに覆われた壁の右手が入り口。

Embla

エンブラ

シックな大人のワインバーへ

上・ひよこ豆と小ダコを使った一品。炭火でさっと焼いたタコに焦がしレモンのソースがかかっている。／右・ワインリストには、オーストラリア産のワインはもちろん、世界のワインが並ぶ。

　店内に入った瞬間に魅了されてしまう、シックで素敵なワインバー。このお店にやってくるお客はみんな、何といってもおいしい料理が目当て。頻繁に変わるメニューには、前菜風の軽めのもの$15〜28から、ボリュームのある肉、魚料理$30〜52まで、バラエティに富んだ欧風創作料理が並んでいます。メルボルンで流行している、好みのものを何品か選んでシェアするスタイルの料理です。ワインバーですが、もちろん飲めない人はお酒を頼まなくてもOK。食後には、デザートやチーズもあります。日曜は$65のコース料理のみ。おしゃれな雰囲気とメルボルンらしい創作料理をぜひ楽しんでみて。

122 Russell St., Melbourne
☎0455-122-121／https://embla.com.au
🕐12:00(月火曜15:00)〜24:00(日曜17:00)、
　12月下旬〜1月上旬休
MAP▶P.10[D-2]

マトウダイの身をほぐし、ケッパーやハーブなどとあえたもの。フレッシュなチコリの上にのせて食べる。

フェタチーズのクリームの上にキュウリのピクルスがのったおつまみ風の一品。

Pastuso

パストゥソ

スモークしてからじっくりと
焼き上げられたチキン$40。
ひと皿の量が多いのでシェ
アして食べるといい。

ファンキーでクールなペルー料理店

　ストリート・アートで有名なAC/DCレーンにあるペルー
料理店。クールでシックな雰囲気でありながら、ファンキ
ーなポスターが壁に並び、ラテン的な楽しい気分にさせて
くれます。このお店でまず食べてみてほしいのはセビチェ。
セビチェとは生の魚をライムジュースなどでマリネしたもの
で、ペルーの名物料理です。さっぱりとしたセビチェを食
べた後は、スモーキーな香りがするグリル料理を。チキン、
ラム肉、ビーフ、旬の魚などを選ぶことができます。グリル
は食べたいけれど量が多すぎて……という場合は、串焼き
（Anticuchos）がおすすめです。ペルーのカクテル、ピス
コ・サワーもぜひ！

セビチェは白身魚の伝統的なものや、マグロ
を使った和風のものなど、5種類ほど用意さ
れている。ひと皿$22～。

19 AC/DC La., Melbourne
☎03-9662-4556
https://www.pastuso.com.au
⊙12:00～23:00、無休
MAP＊P.15[B-4]

左・カウンター席に座って、
調理する様子を見ながら食
事するのも楽しい。／右・ピス
コ・サワーは、口当たりのいい
さっぱりとしたカクテル。

オーストラリアで
食べたい！

肉のうまみがつまったポーターハウスのステーキ。

　いくつもの異なる気候帯が存在するオーストラリアでは、一年を通じてさまざまな食材が手に入ります。グルメな町メルボルンで、ぜひオーストラリアならではの食材を味わってみてください。

　肉類では、やはりオージービーフ。さまざまな部位がありますが、ステーキとして食べる場合、やわらかい肉が好みの人はアイ・フィレ（Eye Fillet＝ヒレ肉）、しっかりとした肉のうまみを堪能したいならポーターハウス（Porterhouse＝サーロイン）がおすすめ。また、オーストラリアではラム肉（Lamb）も身近な食材です。定番のラム肉のローストや煮込み料理を味わってみて。

　魚介類ではぜひバラマンディ（Barramundi）を。脂がのっていてとてもおいしい魚です。また、モートン・ベイ・バグ（Moreton Bay Bug）という甲殻類もおすすめ。小さめのロブスターといった感じで、甘みがあっておいしい。クイーン・ビクトリア・マーケットやスーパーの魚売り場で、ゆでたモートン・ベイ・バグを買ってホテルの部屋で食べても◎。

バラマンディは脂がのっているので、火を通しても身がしっとりとやわらかい。

ゆでたり、ローストにしたり、酢漬けにしたりと、さまざまな調理法で食されるビートルート。

　オージーが大好きな野菜といえば、ビートルート（Beetroot）でしょう。いわゆるビーツのことで、甘くて風味があり、見た目も真っ赤で美しく、おまけに値段も安い！ オーストラリアではハンバーガーにもビートルートが入っているし、レストランでもビートルートを使った料理をよく見かけます。スーパーでも生や缶詰のビートルートが売られています。

　スイーツ系では、ルバーブ（Rhubarb）を使ったものをぜひ食べてみてください。ルバーブは赤い茎の部分を食用にする野菜で、酸味が強いため、砂糖で煮込んでジャムにしたり、パイにしたりして食べるのが一般的です。

右・ルバーブとカスタードクリームのパイ。シロップで煮たルバーブは、甘酸っぱく、さわやかな香りがする。／下・魚屋でゆでたモートン・ベイ・バグを買う時は、「Clean, please.」と頼めば殻ごと半分に切ってくれ食べやすい。

オーストラリアでは、基本的に何でもフレキシブル。
ドレスコードなどもとくに気を使う必要はありませんが、オーストラリアならではの
慣習やレストラン事情を前もって知っておくと安心です。

レストランを利用する際に
知っておきたいこと

ワインの持ち込みができる
BYO

BYO（Bring Your Own）とは、レストランにワインを持ち込めるシステムのこと。BYOが可能なレストランにワインを持ち込んだ場合、ワイン1本につき定額のコーケージ（栓抜料金）が加算されます。BYOが可能なレストランは、シティ内には少なく郊外の住宅街により多く見られます。またそれらのレストランでも、BYOが可能な曜日を指定しているお店がほとんど。

レストランの
予約は必要？

コースのみのレストランの場合、あらかじめ予約を入れておくことをおすすめします。それ以外のお店でも人気店は混みあっていることが多いので、必ず訪れたいお店があるなら予約を入れておくと安心。ほとんどのレストランではウェブサイトで簡単に予約ができるようになっています。お店によっては、予約したにもかかわらずあらわれないお客を防ぐため、予約時にクレジットカード番号の入力が必須となっているところも。また、キャンセルの期限後に予約を取り消した場合にはキャンセル料がかかるお店もあります。

スティル or スパークリング？

レストランの席に着いたら、すぐに水を注いでくれるところもありますが、多くのレストランでは、「Still or sparkling?」と聞かれます。スティルは炭酸なしのミネラルウォーター、スパークリングは炭酸入りのミネラルウォーター。どちらか希望のほうを伝えましょう。またミネラルウォーターではなく水道水で構わない場合は、「Tap water, please.」（タップ・ウォーター＝水道水）と伝えて。ミネラルウォーターは、注文するとボトルで出てくるところがほとんどですが、最近は定額（ひとり$5〜6程度）でミネラルウォーター飲み放題というレストランが増えています。

まずはお酒の注文を

水の注文が済んだら、料理を選ぶ前にまずはお酒の注文を。お酒を飲まない場合、ソフトドリンクを頼まなければならないということはありません。水だけでよければ、ほかのドリンクは頼まなくてもOK。

パンは通常、お酒が出てくるタイミングで出されるので、料理が出てくる前にパンだけ食べてもOK。ただしレストランによってはパンが有料で、注文しないと出てこない場合もあります。

シェアして食べてもOK

　コースのみのレストランは別として、オーストラリアでは前菜とメインの両方を必ずオーダーする必要はありません。高級レストランではひと皿のポーションが非常に少ない場合もありますが、一般的には日本よりかなりボリュームがあります。軽くすませたい場合は、メインをオーダーせずに前菜だけにしたり、ふたりでシェアしてもOK。ただし、ひとり分のコース料理をふたりでシェアするのはマナー違反。シェアしたい場合はアラカルトで注文しましょう。メルボルンでは、こういった「シェア」という食事のスタイルがトレンドになってきていて、最近では、前菜やメインといったカテゴリー分けがされていないメニューもよく見かけます。

食後のデザートとコーヒー

　食事が終わったら、デザートとコーヒーの注文を聞きに来ます。オーストラリアではチーズは食後に食べるものなので、デザートメニューにチーズが並んでいることも。デザートやチーズ、コーヒーは、必ず頼まなければならないというものではありません。食後に何もほしくない場合、何も頼まなくてOKです。

お勘定は席で支払う

　食事がすべて終ったら、自分のテーブルを担当してくれたウエーターに「Check, please.」と伝えると、伝票が入ったフォルダーを持ってきてくれます。伝票に間違いがなければ、クレジットカードもしくは現金をフォルダーに入れてウエーターに渡します。クレジットカード払いの場合は、通常クレジットカード決済の端末を席に持ってきてくれます（オーストラリアのクレジットカード事情についてはP.185参照）。

チップはどうする？

　チップは必ず渡さなくてはならない、というルールはありませんが、レストランでの食事では、5〜10％程度を目安にするといいでしょう。クレジットカード払いの場合、お店によっては、端末に暗証番号を入力する前に、チップの金額を入力する画面があらわれることがあります。チップを渡したい時はここでチップの金額を入力すれば、チップ込みの金額がクレジットカードで精算可能。チップを入力する画面があらわれなかった場合はあまり気にする必要はありませんが、もちろんチップだけを現金でテーブルにおいてもOKです。

日曜や祝日には
サーチャージが

　レストランによっては、日曜や祝日には割増料金（サーチャージ）を加算される場合があります。割増料金が加算されるレストランでは、通常、メニューの下のほうに「日曜・祝日には〇％のサーチャージが加算されます」と明記されています。割増料金のパーセンテージはレストランによりさまざまですが、10〜15％のところが多いようです。もちろん割増料金を導入していないレストランも数多くあります。

Nomad

ノーマッド

左・ヒラマサの刺身をフィンガーライム・アボカド・ハーブなどとあえたものと、コリアンダー入りのクラッカー$36。／右・スモークしたサーディーンをトゥームというレバノン料理のディップにつけて、カリッと揚げたハッシュブラウンとともに食べる一品$24。

ワインにあうエキゾチックな創作料理

　モロッコ料理や中東料理などのエッセンスを取り入れたモダンな創作料理が食べられるお店。エキゾチックなスパイスの香りに加え、ヨーグルトやフィンガーライムで酸味を添えたり、ナツメヤシやレーズンなどで甘みを加えたり、炭火で焼くことによって香ばしさを出したりと、食材や調理法の使い方がとても上手。ボリュームのある肉、魚料理もありますが、少人数なら、自家製のシャルキュトリーの盛り合わせや前菜系の小皿料理を数皿注文し、ザータルというスパイスミックスをまぶした人気のフラットブレッドと一緒に食べるのもおすすめです。サービスもフレンドリーで気持ちよく食事ができるお店です。

Basement, 187 Flinders La., Melbourne
☎02-9280-3395（電話での問い合わせはシドニー店へ）
https://nomad.melbourne
⊘12:00〜14:00、17:00〜深夜、無休
MAP＊P.15[B-3]

上・半地下でも、日中は太陽の光が入って明るい店内。／左・お店がある地下への階段には、NOMADというサインが付いている。

Bar Lourinhã

バー・ロウリニャ

居心地のいいタパス・バーへ

　リトル・コリンズ・ストリートにひっそりと佇む小さなタパ
ス・バー。気取らず、それでいてちょっぴりおしゃれで、ま
るで友人宅にでも訪れたかのような気分にさせてくれる居
心地のいいお店です。メニューには、タパス（おつまみ）
$6〜10と、ラシオネス（通常の一品料理）$26〜43があり、
野菜、肉、魚料理がバランスよく並んでいます。定番タパ
スから創作一品料理まで何を食べてもおいしいのですが、
私が必ず注文するのがコロッケ。季節によって中身は変わ
りますが、表面がカラッと揚がっていて、とてもおいしい。
食後にはチーズやデザートもあります。

カウンター席に座って、タパス・バーならでは
の雰囲気を楽しみたい。

長時間じっくり調理したビーフ・ブリスケット
（牛肩バラ肉）は驚くほどやわらか。

左・ソラマメのコロッケ。おつまみ系のものは、1個単位で注文
できる。／右・もちもちのイカ墨パンにパセリとコリアンダーの
ソース、エビをトッピングした創作風タパス。

37 Little Collins St., Melbourne
☎03-9663-7890／https://barlourinha.com.au
⊙12:00〜23:00（木〜土曜深夜）、月日曜・祝日休
MAP＊P.15［B-4］

Bomba

ボンバ

ワーカーズ・ランチの一例。この3品で$32.50。左から／ウズラの炭火焼(タパス)。／
牛肉の煮込み(ラシオン)。／丸麦にケール、アーモンド、ザクロ、ゴートチーズを混ぜたサラダ(ベルドゥーラ)。

平日のワーカーズ・ランチがお得

　カジュアルでにぎやかなスペイン料理店。メニューには、おつまみ風のものからボリュームのある肉、魚料理、そしてパエリアまで、さまざまなスペイン料理が並んでいます。火〜金曜のランチ時は「ワーカーズ・ランチ(Workers Lunch)」というセットメニューがおすすめ。7種のタパス(おつまみ)、5種のラシオン(メイン料理)、2種のベルドゥーラ(野菜料理)からそれぞれ1品ずつを選んで$29〜33と、バラエティに富んだ料理をリーズナブルな価格で楽しめます。また、午後3時以降屋上にオープンするルーフトップ・バーもとても人気です。

スペインのシェリー酒も多数取りそろえている。

103 Lonsdale St., Melbourne
☎03-5292-1078
https://bombabar.com.au
🕐12:00〜14:45、17:00〜深夜、
　月日曜17:00〜深夜、無休
※ルーフトップ・バーは15:00〜深夜、無休
MAP*P.15[A-4]

屋上のルーフトップ・バーでは、
メルボルンの夜景を見ながら
ドリンクやおつまみが楽しめる。

Osteria Ilaria

オステリア・イラリア

肩ひじはらないモダンなイタリアン

リラックスして楽しめる、明るい雰
囲気のイタリア料理店。メニューに
並んでいるのは、メルボルンならで
はのクリエイティブなイタリア料理。
ルバーブやザクロなど、野菜や果
物の持つ酸味をうまく料理に使って
いたり、発酵食品で味に深みを出し
ていたりと、素材の特徴をいかした
素晴らしい料理がいただけます。ア
ラカルトから好きなものを選んでシェ
アしてもOK。たくさんの種類の料
理を味わいたいなら、多少値は張り
ますがシェフのお任せコース$105も
あります。パスタだけを食べたい時
は、お隣の姉妹店ティポ・ドッピオ
ゼロ（Tipo 00）というパスタ専門店
がおすすめです。

---

367 Little Bourke St., Melbourne
☎03-9642-2287
https://www.osteriailaria.com
⊙12:00〜深夜、日曜・祝日休
MAP＊P.15[B-3]

上・栗のフィリングを詰めたスカルピノックと
いうパスタ。ソースにはキノコが使われてい
る。与具の怡り量じ$39。ノ仁ナ一ノル席
のほか、カウンター席もあるのでひとりでも
利用しやすい。

トンカ豆のムースと
フェンネルのメレン
ゲをアイス状にした
デザート $18。

鯛のクルード（刺身）の
上に薄くスライスした蕪
をのせて、甘酸っぱいザ
クロのソースをかけた一
品 $25。

Gimlet

ギムレット

メルボルン流のファインダイニング

　メルボルンを代表するシェフ、ア
ンドリュー・マコーネル氏が2020年
にオープンしたレストラン。ビストロ
とステーキハウスを足して二で割っ
たようなお店で、食材のおいしさを
いかした料理がいただけます。料理
は一見シンプルに見えますが、スパ
イスやソースの使い方が絶妙で、口
に入れると思わず笑顔がこぼれるお
いしさ。前菜はひと皿$35前後、メ
インはひと皿$55〜と値段は張りま
すが、アラカルトで数品注文してシ
ェアしても問題ありません。サービス
もフレンドリーかつプロフェッショナ
ル。メルボルン流のファインダイニ
ングをぜひ体験してみて。

33 Russell St., Melbourne
☎03-9277-9777
https://gimlet.melbourne
🕐12:00〜深夜（金土曜翌1:00)、無休
MAP＊P.15[B-4]

上・肉のうまみたっぷりのストリップ・ス
テーキ。サルサベルデのソースとリーク
（ポロネギ）添え$58。／左・ニョッコ・フ
リット（揚げパン）にプレザオラ（牛肉を
使った生ハム）をのせた人気のおつまみ。

カウンター席、革張りのブース席、白いク
ロスがかけられたテーブル席など、さまざ
まなタイプの席がある。

緑のチリソースとヨーグルトが添えられたカラマリ・フリット。

この階段を降りるとバー・マルゴーの入り口がある。

Bar Margaux
バー・マルゴー

隠れ家バーで素敵な夜を

バー・マルゴーを訪れる時は、必ずお店の住所を持って出かけましょう。というのも、通りに看板が出ていないのです。111という番地が書かれた雑居ビルのなかに入ると、右手に地下へ降りる階段が。階段の奥にBar Margauxというネオンが見えたら、そこがバー・マルゴーの入り口です。ドアを開けて店内に入ると、そこは別世界。薄暗い空間に光り輝くレトロなバーがあり、なんとなく、ムーラン・ルージュの映画を思い起こさせるようなムードがあります。バーの右手奥にはテーブル席があり、そこではステーキ＆フリッツやハンバーガーなど、ブラッスリー風の食事をとることもできるのですが、やはりこのお店はバーカウンターが特等席。軽くおつまみを食べながら、ドリンクを楽しむのがおすすめです。

上・店のドアを開けると、正面にバーカウンターがあらわれる。カクテルの種類も豊富。／下・バー・エリアの奥には、ゆっくりと食事が楽しめるレストランスペースも。

Basement, 111 Lonsdale St., Melbourne
☎03-9650-0088
https://www.barmargaux.com.au
🕐17:00〜24:00(木金曜翌1:00)、
　土曜17:00〜翌3:00、月日曜休
MAP＊P.15[A-4]

低温調理した牛タンのスライスに野菜のピクルスとサフランのアイオリソースを組み合わせた一品。

春巻きの皮のような薄いペーストリーに野菜のラタトゥイユを詰めたおつまみ。

チープイーツ を味わう

チープイーツ（Cheap Eats）とは、ファストフード感覚で利用できるお手頃な食事のこと。ショッピングや観光の途中には、さっと利用できる、安くておいしいチープイーツのお店が便利です。移民の町メルボルンならではの、エスニックなチープイーツのお店をご紹介します。

ベトナムの サンドイッチ

N Lee Bakery
エヌ・リー・ベーカリー

デリソースを入れるかどうか選べる。

クラックリング・ポーク入り
バインミー$12.70

ベトナムのサンドイッチ「バインミー」が食べられるお店。さまざまな具のバインミーがありますが、おすすめは豚の三枚肉のローストをはさんだもの（Crackling Pork Banh Mi）。豚の皮の部分が香ばしくて、絶品です。

4/61 Little Collins St., Melbourne
☎03-9654-8177
https://www.nleebakery.com.au
🕐6:00〜16:00、土日曜休
MAP＊P.15[B-4]

※サウス・メルボルン（MAP＊P.17[A-1]）、コリンウッド（MAP＊P.16[C-2]）ほかにも店舗あり

タイの屋台料理

Soi 38
ソイ 38

牛肉のボートヌードル$10。

タイの屋台料理が食べられるお店。ランチ時の人気メニューは「ボートヌードル」という少し甘めで濃厚なスープ麺。牛肉か豚肉を選ぶことができます。夜は、タイの鍋料理やグリル料理などが食べられます。

38 Mcilwraith Pl., Melbourne
（駐車場内）
https://www.soi38.com
🕐11:00〜15:00、
17:00〜22:00（金土曜23:00）、無休
MAP＊P.15[B-4]

ミックス・ターリー$13

かわいいインド料理屋

Delhi Streets
デリー・ストリーツ

好きなカレーを2種類選んでオーダー。

とても小さなお店ですが、ターリー（カレーのセット）、ドーサ（インドのクレープ）、タンドーリ、チャート（インドの屋台スナック）など、さまざまなインド料理が食べられます。ナンもタンドーリオーブンで焼きたてのものが出てきます。

22 Katherine Pl., Melbourne／☎03-9629-2620
https://www.delhistreets.com.au
🕐11:30〜14:30、17:30〜21:30、
　土曜17:30〜21:30、日曜休
MAP＊P.14[C-2]

海老と中華ハムが入った、ルルズ・チャー・クイ・ティオ$17.90。注文時には辛さを0〜2から選ぶことができる。

ペナン島本場の味

Lulu's Char Koay Teow
ルルズ・チャー・クイ・ティオ

マレーシア・ペナン島の名物料理チャー・クイ・ティオが食べられるお店。もちもちした幅広の米麺を炒めたもので、海老や中華ハムなどの具もたっぷり入っていて、ボリュームも満点。行列ができる人気店です。

27-31 Hardware Ln., Melbourne
☎0401-263-939
https://www.facebook.com/lulucktmelbourne
⏱11:00〜20:00(金・土曜20:30)、
　日曜10:30〜15:30、無休
MAP＊P.15[B-3]

イスラエルのピタ・サンド

Miznon
ミズノン

骨つきのラム肉を詰めたもの$19(左)、イカと野菜炒めを詰めたもの$19(右)。

ふわふわのピタパンにいろいろな具を詰めたピタ・サンドが大人気。具は、野菜、魚介、肉類など14種から選ぶことがでます（$15〜21）。活気があって、とても楽しい雰囲気のお店です。

59 Hardware Ln., Melbourne
☎03-9670-2861
https://www.miznonaustralia.com
⏱12:00〜15:00、
17:30〜21:30、月日曜休
MAP＊P.15[B-3]

蘭州牛肉麺$15.90

麺の太さを7種類から選ぶことができる。

スープが絶品のヌードル・バー

Master Lanzhou Noodle Bar
マスター・ランゾー・ヌードル・バー
甘記蘭州牛肉面

看板メニューは中国の蘭州発祥の牛肉麺。つるっとした麺やトッピングの牛肉もおいしいのですが、いちばんの特徴は、牛骨をじっくり煮込んでつくった透明のスープ。あっさりしているのにコクがあって絶品です。

244 Swanston St., Melbourne
☎03-9690-9998
https://www.masterlanzhou.com.au
⏱11:00〜23:00(木〜土曜翌3:00)、
　日曜11:00〜22:00、無休
MAP＊P.15[B-3]

※シティ(MAP＊P.15[A-3])ほかにも店舗あり

Queen Victoria Market

クイーン・ビクトリア・マーケット

屋根つきの屋外エリアには、雑貨や衣料品、野菜や果物のお店などが並んでいる。

南半球最大のマーケットへ

上・さまざまな種類の牡蠣があるけれど、南オーストラリア州コフィンベイ産がとくにおすすめ。濃厚ながらさっぱりとした味わい。／下・オーストラリア産のビーフジャーキーやハム類はもちろんのこと、世界各国のおいしいものが並ぶ。

多様な気候帯を有するオーストラリアでは、バラエティに富んだ国産フルーツが手に入る。

クイーン・ビクトリア・マーケットは、19世紀からメルボルンの食を支え続けてきた歴史ある市場。雑貨や衣料品なども売られていますが、この市場の主役はやはり食料品。さまざまな食材に特化した専門店が、ところせましと並んでいますが、旅行者にとくにおすすめしたいのは、デリのエリアです。オーストラリア産のチーズやハムなどを買って、ホテルの部屋でつまんでみてはいかが？ 生鮮食品では、12～2月はネクタリン、2～4月はブドウ、3～8月はリンゴなど旬の果物が安くて新鮮でおいしい！ 魚介類売場で生牡蠣を買って、場内のベンチに座って食べるのも◎。めずらしい部位の肉が並ぶ肉売り場をのぞいてみるのもおもしろいでしょう。

2023年内にはマーケット内に「フード・ホール」という新しいビルが完成し、飲食店エリアが大幅にパワーアップする予定です。

Cnr. Elizabeth & Victoria Streets, Melbourne／https://qvm.com.au
⊙火木金曜6:00～15:00（食品以外9:00～15:00）、土曜6:00～16:00（食品以外9:00～16:00）、
日曜9:00～16:00、月水曜休・祝日ほぼ休（ウェブサイトで確認を）※ナイトマーケットは夏季
（11月中旬～3月中旬）と冬季（6月上旬～8月下旬）の水曜17:00～22:00
MAP＊P.14[A-2]
【アクセス】19・57・59番トラムに乗りStop7 Queen Victoria Marketで下車すぐ。もしくは58番トラムに乗りStop9 Queen Victoria Marketで下車すぐ

Eggsperts

エッグスパーツ

蜂蜜を買うなら野菜売場にあるこのお店がおすすめ。オーガニック卵の専門店ですが、オーストラリア産蜂蜜の品ぞろえも豊富です。

タスマニア原生の植物レザーウッドの蜂蜜もこのお店で手に入る。

American Doughnut Kitchen

アメリカン・ドーナッツ・キッチン

いつも行列ができているドーナッツ屋。こぶし半分ぐらいの大きさのジャム入りドーナッツが5個で$10。ふんわりやわらかくて甘さ控えめなので何個でも食べられる!

行列ができるのも納得のおいしさ。

Borek Shop

ボレク・ショップ

チーズとほうれん草のボレク$5。

デリ売場にあるこのお店ではトルコの惣菜パン「ボレク」を買って食べられます。具はチーズとホウレン草、ジャガイモと野菜、ラムと野菜の3種。皮がパリパリでおいしいボレク$5をぜひ食べてみて。

https://qvm.com.au/shops-stalls/borek-shop

Night Market ナイト・マーケット

夏季(11月中旬〜3月中旬)と冬季(6月上旬〜8月下旬)には、毎週水曜の夜にナイト・マーケットが開催されます。フードの屋台がずらりと並び、お祭りのような雰囲気を味わえます。

左・冬の寒い夜でも多くの人が集まる人気のイベント。/右・パエリアの大鍋が並ぶ屋台。

チョコレートのペーストリーもおいしい。

Mörk Chocolate

モーク・チョコレート

　　デリ売場にあるホットチョコレートの人気店。
数種類のホットチョコレートがありますが、私
のおすすめは「オリジナル・ダーク」というカカ
オ70％のもの。ホットチョコレート用のココア
パウダーはおみやげにもおすすめです。

https://www.morkchocolate.com.au

※シティ（MAP＊P.15 [B-3]）ほかにも店舗あり

ホットチョコレート用のパウダー$16〜。

Victoria Market Soapbox

ビクトリア・マーケット・ソープボックス

店内にはさまざまな石鹸が並ぶ。
石鹸は1個$2.50〜$3.50

上から／レモングラスとレモンマートルの石鹸。
／白檀とベルガモットの石鹸。／山羊のミルクと
リンシードの石鹸。

　　ビクトリア・ストリートに面した石鹸の専門店。店内には植物
性オイルを使ったオーストラリア産の石鹸がずらり。ラッピング
されていないので、実際に香りを確認して買うことができます。

https://qvm.com.au/shops-stalls/victoria-market-soapbox

ヤラバレーやモーニントン半島のほか、ビクトリア州ヒースコート産のどっしりとした赤ワインや、イタリア様式のワインで有名なキングバレー産のワインもそろう。

Swords Wines
スウォーズ・ワインズ

テリー・ストリートに面したデリ売場（Dairy Produce Hall）の入り口付近にお店がある。

デリ売場にあるこの酒屋には、オーストラリア産のワインやクラフトビール、サイダー、ジン、ウイスキーなどがそろっています。おみやげ用やホテルで飲むためのお酒を買いたい人はぜひのぞいてみて。店員さんも親切にアドバイスしてくれます。

https://qvm.com.au/shops-stalls/swords-wines

スウォーズ・ワインズおすすめ

ビクトリア州産クラフトビール

Stomping Ground Brewing Co.
"Bunker Porter"

メルボルン近郊のコリンウッドにある「ストンピング・グラウンド」で醸造されている「バンカー・グラウンド」。チョコレートを思わせるような香ばしさが特徴の黒ビール。

Ocean Reach Brewing
"Passion Fruit Salt Water Gose"

ビクトリア州フィリップ島の「オーシャン・リーチ」で醸造されている「パッションフルーツ・ソルトウォーター・ゴーゼ」。パッションフルーツ果汁と塩水を使った塩ビールで、甘くて酸っぱいパッションフルーツと塩とのバランスがいい。

Sailors Grave Brewing
"Drowned Man IPA"

ビクトリア州東部ギップスランド地方の「セイラーズ・グレーブ」が醸造する「ドラウンド・マンIPA」。美しい黄金色をしたビールは、ドライでさわやかな口当たり。

Hop Nation Brewing Co.
"Melbourne Fog - Hazy Pale"

メルボルン近郊のフッツクレイにある「ホップ・ネーション」で醸造されている「メルボルン・フォグ・ヘイジー・ペール」。白濁したニューイングランドIPAスタイルのフルーティーなビール。

シティでお気に入りの一品を見つける

　細い路地やアーケードに佇む個性的でおしゃれなショップに入ってみた
り、デパートやショッピングセンターを渡り歩いたり——。シティではさまざ
まなショッピングスタイルを楽しめます。ショップがとくに集中しているのは、
スワンストン・ストリートとエリザベス・ストリートにはさまれたエリア。外か
ら見るとオフィスビルのようでも、建物のなかに入ってみるとアーケードが続
いていたりと、思いがけない発見があるのも、メルボルンならではです。
　主なバーゲンセールは6月の会計年度末セールと、12月26日からはじ
まるボクシング・デー・セール。とくにボクシング・デー・セールは割引率
が高く、人気店の前には長い行列ができます。

R. M. Williams
アール・エム・ウィリアムズ

一生もののブーツを手に入れて

　馬具と乗馬靴のメーカーとしてはじまっ
た、オーストラリアを代表するブーツ・メー
カー。一枚の革からつくられ、革の継目が
ないため、丈夫で長持ちします。両サイド
がゴア素材になっているため履き心地もよ
く、脱ぎ履きも楽ちん。一足$649からと値
段も張りますが、その価値が充分にある一
生もののブーツです。

丸みをおびたカジュアル
なものからスリムでドレッ
シーなものまで、さまざま
なモデルがある。

Shop 237, Level 1, Melbourne Central,
300 Lonsdale St., Melbourne
☎03-9663-7126／https://www.rmwilliams.com.au
🕙10:00〜19:00（木金曜21:00)、
日曜10:00〜18:00、無休／MAP＊P.15[A-3]

※コリンズ・ストリート（MAP＊P.15[B-3])、
エンポリアム（MAP＊P.15[B-3])にも店舗あり

男性用と女性用両方の
商品がそろっている。

近代的なショッピング
センターに残された19
世紀のショットタワー
のなかにある。

左から／洋服はコーディネートしやすいシンプルなデザインのものが多い。／本革のバッグは、$180〜350の価格帯で手に入る。

Elk

エルク

カラフルかつ上品な色使いが素敵

メルボルン発のファッションブランド「エルク」の直営ブティック。シンプルで、上品で、それでいてかわいらしさも持ちあわせたアイテムは、オフィスでも活躍すること間違いなしです。もともとアクセサリーからはじまったブランドなので、洋服のほかバッグや靴、ネックレスやイヤリングなどの小物類も豊富。エルクの商品はメルボルンでデザインされ、オーストラリアや海外で製造されていますが、生産や流通の過程においても、環境問題や労働条件などが配慮されているという、メルボルンらしいファッションブランドです。

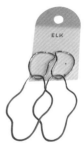

メタルにマットカラーのペイントを施したイヤリング$59。

メタルと紐の質感の違いがおもしろいイヤリング$55。

ピアスのポスト部分はアレルギー発症リスクが低いチタン製。エルクの装飾品にはニッケルは一切使われていない。

182 Little Collins St., Melbourne
☎0400-381-012
https://au.elkthelabel.com
🕐10:00〜17:30(金曜18:00)、
　　日曜11:00〜17:00、無休
MAP＊P.15[B-3]

※カールトン(MAP＊P.16[B-1])ほかにも店舗あり

水玉模様がかわいいトートバッグ$199は同じ柄のトップ$159とコーディネートして。

e.g.etal
イー・ジー・エタール

ジュエリー・アーティストの作品が

リトル・コリンズ・ストリートにあるモダンなジュエリー・ショップ。ジュエリー・アーティストによってつくられた個性的なジュエリーが数多く並んでいます。店内のショーウインドーにはアーティストごとにジュエリーが展示されていて、まるでアート・ギャラリーのよう。アートな町メルボルンならではのお店です。宝石を使った高価なものから$200以下で買えるカジュアルなものまで幅広くそろっているので、ぜひのぞいてみてください。

ガラス張りの明るい店内。

150 Little Collins St., Melbourne
☎03-9639-5111
https://egetal.com.au
⊙10:00〜17:00、日曜・祝日休
MAP＊P.15[B-3]

左・アーティストごとにジュエリーが展示されている。メルボルンのアーティストの作品が多い。／下・ドット模様のエンボスを施したシルバーのイヤリング$245は、ロビン・ウィルソン作。

コイル状のモダンな指輪$210。素材はスターリング・シルバー。アナ・ダバーン作。

四分一という日本の技法を取り入れてつくられた美しいピアス$230。ジル・ハーマンス作。

Dindi Naturals
ディンディ・ナチュラルズ

メルボルン・セントラルのグランドフロア（1階）のいちばん奥つきあたりにある。

上・動物の形をしたかわいい石鹸もいっぱい。もちろん100％自然素材でつくられている。／右・シェービングジェルやシェービングソープなど、男性用のおみやげも豊富。

素敵なおみやげがきっと見つかる

　ビクトリア州北東部で自然派スキンケア商品などをつくっている「ディンディ・ナチュラルズ」の直営店。すべての商品に天然植物成分のオイルが使われており、環境問題となっているパーム油は一切使用されていません。オーストラリアのネイティブプランツをはじめ、バラエティに富んだ植物が使われているのも魅力。商品のデザインも素敵なので贈ってうれしい、もらってうれしいおみやげが必ず見つかります。

左・オーストラリア原産のレモンマートルやユーカリの精油が配合されたルーム・ミスト$20。／右・ヒマワリワックス、ハーブやスパイスなど自然成分のみでつくられた防虫剤$20は自然な香り。クローゼットに吊るして。

部屋に吊るして使えるナチュラルな芳香剤$20。ホワイトサイプレスなどの精油によって、森林浴をしているような気分になれる。

Ground Floor Shop 065, Melbourne Central, 211 La Trobe St., Melbourne
☎0455-947-948／https://www.dindinaturals.com.au
🕙10:00〜19:00（木金曜21:00）、無休／MAP＊P.15[A-3]

オーストラリアならではのおみやげ

スーパーマーケットで買えるお手頃なものから、
ちょっとめずらしいアボリジニアートのアクセサリーまで、
オーストラリアらしいおみやげをご紹介。

アボリジニアートの
柄のトート・バッグ
$34.95

アボリジニの芸術家
テディ・ギブソンによ
るデザイン。Ⓐ

ティー・ツーの紅茶

$18（紙箱入 *Melbourne Breakfast*）
$25（缶入り *Melbourne Breakfast*）

メルボルン生まれの紅茶ブランドT2。
バニラ風味の「メルボルン・ブレックフ
ァスト」がおすすめ。Ⓑ

ビクトリア州産
ユーカリ・オイル
$17

拭き掃除をする時に少量のユーカリオ
イルを加えると、除菌と同時にアロマ
効果が楽しめる。タオルやシーツの洗
濯時に少量加えるのも◎。Ⓓ

マウント・ゼロの
オリーブ
$6

ビクトリア州産のオリーブ。袋入りなの
でかさばらず、おみやげにぴったり。Ⓐ

アボリジニアートの
麻のスカーフ
$95

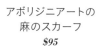

アボリジニの芸術家マーデ
ィー・ナムピジンバ・モリスに
よるデザイン。Ⓐ

ココ・ブラックのチョコレート
$9.90

メルボルン生まれの高級チョコレートブ
ランドKoko Blackの板チョコ。Ⓒ

イレワラのグラノーラ
$16.85

ビクトリア州西部にあるベーカリー「イレワラ」のグラノーラ。甘さ控えめで、クルミなどのナッツがごろごろ入っていておいしい。D

ユーカリのドロップ
$3

ユーカリ・オイルが配合されたドロップ。スーッとしたミントのようなさわやかな香りと味で、のど飴のような効果がある。D

マレー川の
ピンク・ソルト
$7

ビクトリア州のマレー川でとれるミネラルたっぷりのピンク色の塩。フレーク状なのでそのままふりかけて使える。D

アンザック・ビスケット
$3.40

オーストラリアの伝統的なビスケット。ココナッツとオートミールが使われていて、素朴なおいしさ。D

クランペット
$4.40

朝食やおやつに食べる甘くないパンケーキのようなもの。トースターでかりっと焼いて、バターと蜂蜜をつけて食べるとおいしい。D

オーストラリア産プルーン
$5.30

オーストラリアはドライフルーツが豊富。オーストラリア産のプルーンは、皮がしっかりとしていて食べやすい。D

Ⓐ Clementine's
クレメンタインズ

オーガニック食品や自然化粧品、雑貨、服飾品など、ビクトリア州産のみやげものが数多くそろうショップ。

7 Degraves St., Melbourne
☎03-9639-2681
https://www.clementines.com.au
⊘11:00～17:00(月火曜16:00)、
　日曜12:00～15:00、無休
MAP＊P.15[C-3]

Ⓑ T2 ティー・ツー

紅茶の専門ショップで、フレーバーティーやハーブティーも豊富。かわいいティーポットやティーカップなどもあり、とくに女性に大人気のお店。

269 Little Collins St., Melbourne
☎03-9650-9869
https://www.t2tea.com/en/au
⊘10:00～17:30、無休
MAP＊P.15[B-3]

※シティにほか2店舗(MAP＊P.15[A-3]、
　MAP＊P.15[B-3])、フィッツロイ(MAP＊
　P.16[B-2])にも店舗あり

Ⓒ Koko Black
ココ・ブラック

メルボルン生まれの人気チョコレート店。量り売りはもちろん、モダンなデザインのボックス入りチョコレートもサイズ豊富にそろう。

Royal Arcade, 335 Bourke St., Melbourne
☎03-9650-1303
https://www.kokoblack.com
⊘9:00(日曜10:00)～18:00(金曜19:00)、無休
MAP＊P.15[B-3]

※店舗多数。ロイヤル・アーケード店ではイートイン可

Ⓓ Woolworths ウールワース

オーストラリアの大手スーパーマーケットチェーン店で、品ぞろえが◎。QVメルボルンというショッピングセンターのB1Fにある。

Basement, QV Melbourne, Cnr.
Lonsdale & Swanston Streets, Melbourne
☎03-8347-6524
https://www.woolworths.com.au
⊘7:00～23:00、12月25日休
MAP＊P.15[A-3]

シティの一大ショッピングゾーンへ

バーク・ストリートには、デパートや、ZARAやH&M
といった大手人気ショップが軒を連ねる。

シティのなかでデパートや大型のショッピングセン
ターが密集しているのが、バーク・ストリート、エリザ
ベス・ストリート、ラ・トローブ・ストリート、スワンスト
ン・ストリートという4つの大通りに囲まれたエリアです。

バーク・ストリートは、デイビッド・ジョーンズとマイ
ヤーというふたつの大手デパートが並ぶにぎやかなシ
ョッピングストリート。その北のリトル・バーク・ストリ
ートには、エンポリアムというメルボルンでもっともファ
ッショナブルなショッピングセンターがあります。エン
ポリアムには人気ブランドの専門店が数多く入ってい
るので、ラグジュアリーな雰囲気のなかでショッピング
を楽しみたい人におすすめです。エンポリアムのさら
に北側、ロンズデール・ストリートからラ・トローブ・
ストリートまでの2ブロックを占めているのが、メルボ
ルン・セントラルという巨大なショッピングセンター。
300以上もの専門店が入っていて、コールズ（Coles）
というスーパーマーケットも入っています。これらのデ
パートとショッピングセンターは、連絡通路でつなが
れているので移動もとても便利。

また、スワンストン・ストリートとロンズデール・スト
リートの角にはQVというショッピングセンターがあり、
地下にはウールワース（P.63）というスーパーマーケッ
トが入っています。

高級ブランドや人気
ブランドの専門店が
集まるラグジュアリ
ーな雰囲気のエン
ポリアム。

延々と専門店街が
続くメルボルン・セン
トラル。電車のメル
ボルン・セントラル
駅に直結。

David Jones
デイビッド・ジョーンズ

https://www.davidjones.com
MAP＊P.15[B-3]

Myer マイヤー

https://www.myer.com.au
MAP＊P.15[B-3]

Emporium
エンポリアム

https://www.emporiummelbourne.com.au
MAP＊P.15[B-3]

Melbourne Central
メルボルン・セントラル

https://www.melbournecentral.com.au
MAP＊P.15[A-3]

QV キュー・ヴィー

https://www.qv.com.au
MAP＊P.15[A-3]

世界最大の
デジタル・アートギャラリー

2021年、メルボルンのサウス・ワーフに「ルーメ・メルボルン」という新しいアトラクションが誕生しました。広さ3000㎡（約907坪）の巨大空間に芸術作品の映像を映し出し、音楽とともに観賞させるという世界最大のデジタル・アートギャラリーです。アートが映し出された空間に入って鑑賞するので、まるで自らがアート作品に入り込んだような不思議な感覚が体験できます。テーマとなるアートは定期的に変わり、開館以来、ヴァン・ゴッホ、モネと印象派、アボリジニアート、といったテーマが選ばれ開催されてきました。当日でも空きがあれば入場できますが、人気のアトラクションなので、オンラインでチケットを購入してから訪れることをおすすめします。ほかでは味わえない新感覚のアート観賞をぜひ体験してみて。

The Lume Melbourne
ルーメ・メルボルン

Melbourne Convention and Exhibition Centre,
5 Convention Centre Pl., South Wharf
☎03-8638-0609／https://www.thelumemelbourne.com
🕙10:00〜18:30（木〜土曜21:30）、無休
※最終入館は閉館時間の1時間半前まで
【入場料】$49／MAP＊P.13［B-1］
【アクセス】シティから12・96・109番トラムに乗りStop124A Casino/MCEC/Clarendon St（フリートラムゾーン外）で下車、メルボルン・コンベンション＆エキシビション・センターに入り、ルーメの入り口まで徒歩約10分。フリートラムゾーンのみトラムを利用する場合は、一駅手前のStop124 Batman Park/Spencer Stで下車して歩くといい

上・2023年に開催されたアボリジニアートをテーマにした「コネクション」という展示。／左・ルーメが入っているメルボルン・コンベンション＆エキシビション・センターは広いので、予約時間に余裕をもって出かけたい。

落ち着いた住宅街の中にカフェ
やブティックが並ぶラスドーン・
ビレッジ。

Carlton
カールトン

リトル・イタリーがある小粋な街

シティの北に隣接するカールト
ンはエレガントなテラスハウスとプ
ラタナスの街路樹が印象的な美
しい町。カールトン庭園とそこに建
つ王立展示館は、ヨーロッパの宮
殿を思わせる優雅な佇まいです。
このあたりは第二次世界大戦後、
イタリアからの移民が多く移り住
んだエリア。カールトンを南北に
貫くライゴン・ストリート（Lygon
St.）はリトル・イタリーと呼ばれ、
イタリア料理店やカフェが数多く
並びます。なかでも、ライゴン・ス
トリートとファラデイ・ストリート
（Faraday St.）の交差点周辺に
は、おいしいお店やおしゃれなお
店が多くておすすめ。近くにはメ
ルボルン大学のキャンパスもある
ため、明るくてカジュアルな雰囲
気のお店が多いのも特徴です。
　また、カールトンの穴場として
おすすめしたいのが、リトル・イタ
リーから1kmほど北にあるラス
ドーン・ビレッジ（Rathdowne
Village）と呼ばれる小さな商店
街。昔ながらの趣が残るラスドー
ン・ストリート（Rathdowne St.）
沿いに、かわいいカフェやセンス
のいいブティック、おしゃれなバー
などが並ぶ素敵なエリアです。

上・イタリア料理店からジェラートショップまで並
ぶライゴン・ストリート（リトル・イタリー）。／右・ア
イアンレースと呼ばれる、レースのような鉄飾りが施
されたビクトリア様式のテラスハウス。

【アクセス】リトル・イタリー方面へはシティのスワン
ストン・ストリートから1・3/3a・5・6・16・64・67・72
番トラムに乗車。ラスドーン・ビレッジへは1・6番トラ
ム利用。王立展示館へはシティのパーク・ストリート
より86・96番トラムもしくはシティより徒歩。最寄り
の停留所名は、各スポットのアクセス欄参照

MAP＊P.16

Royal Exhibition Building

王立展示館

現在もさまざまなイベントの会場として利用されている。

カールトン庭園に立つ世界遺産

1880年のメルボルン万博の会場として建てられた美しい建造物。カールトン庭園とともにユネスコの世界遺産に登録されています。有料ガイドツアーに参加して内部見学することも可能。2022年よりツアーの内容がより充実して、ドームプロムナードと呼ばれる王立展示館の屋上部分へもアクセスできるようになりました。屋上からは、カールトン庭園とシティを一望することができます。ガイドツアーは、王立展示館の裏手に建つメルボルン博物館より出発。ツアー料金には、メルボルン博物館の入館料も含まれています。

カールトン庭園はウエディング写真の撮影スポットとしても人気。

9 Nicholson St., Carlton
☎13-1102
https://museumsvictoria.com.au/reb/
※内部見学のガイドツアー（所要約1時間）は、毎日4回催行。料金$29（メルボルン博物館の入場料込）、チケットはウェブサイトより購入可。詳細はウェブサイトで確認を
MAP＊P.16[C-1]
【アクセス】シティのパーク・ストリートから86・96番トラムに乗りStop11 Melbourne Museum/Nicholson St.で下車すぐ。シティから徒歩でのアクセスも可

王立展示館のツアーの集合場所となるメルボルン博物館。

Pidapipó

ピダピポ

リトル・イタリーでジェラートを

　カールトンのリトル・イタリーにあるジェラート屋。このお店のオーナーは、イタリアのボローニャにある「ジェラート大学」で本場のジェラート製造技術を学びました。ミルクベースのジェラートは、ものすごく濃厚でクリーミー。ピスタチオ味や塩キャラメル味、そしてヌテラ（ヘーゼルナッツを使ったイタリアのチョコレートスプレッド）を混ぜ込んだものが人気です。また、ミルクを使用していないフルーツ味のジェラートも、着色料や香料などを一切使っていないため、果物本来の味と香りが楽しめておすすめです。

上・塩キャラメル味のジェラート $6.90。1スクープでもボリュームたっぷり。／右・メニューには、旬のフルーツを使ったジェラートも並ぶ。

299 Lygon St., Carlton
https://pidapipo.com
⊙12:00〜23:00、無休
MAP＊P.16[B-1]
【アクセス】シティのスワンストン・ストリートから1・3/3a・5・6・16・64・67・72番トラムに乗り、Stop1 Melbourne Universityで下車、徒歩約5分

※シティ（MAP＊P.15[C-3]）、フィッツロイ（MAP＊P.16[B-2]）ほかにも店舗あり

本場仕込みのジェラートが食べられる人気店。買い求めるお客がいつも行列を成している。

最高の品質を保つために、ジェラートはステンレスの蓋つき容器に保管されている。

D. O. C. Pizza & Mozzarella Bar

ディー・オー・シー・ピッツァ＆モッツァレラ・バー

トマトソースにバッファロー・モッツ
ァレラとフレッシュなバジルをトッピ
ングした「Pizza DOC」$29。

イタリア語が飛び交うピザ屋

　カールトンにあるピザ屋。お店に入ると「ボンジョ
ールノ！」と、いかにもイタリアンなお兄さんが元気よ
く出迎えてくれます。このお店は、何もかもがイタリア
ン。店員はもちろんのことお客もイタリア人が多く、
店内にはイタリア語が飛び交います。もっちりしてい
て、それでいて表面が香ばしく焼けたピザが絶品。
シンプルなマルゲリータ、プロシュートをトッピングし
たピザ、ポルチーニのピザなど種類も豊富です。
　すぐ近くにある系列のエスプレッソのお店では、
午前中はパニーノやスイーツが、午後はパスタも食
べられます。

295 Drummond St., Carlton／☎03-9347-2998
https://docgroup.net
⊙12:00（月～木曜17:00）～深夜、無休
MAP＊P.16[B-1]
【アクセス】シティのスワンストン・ストリートから1・
3/3a・5・6・16・64・67・72番トラムに乗り、Stop1
Melbourne Universityで下車、徒歩約5分

※サウスバンク（MAP＊P.15[C-3]）ほかにも店舗あり

ディー・オー・シー・エス
プレッソでは、おいしい
コーヒーとスイーツを。

D. O. C. Espresso

ディー・オー・シー・エスプレッソ

326 Lygon St., Carlton／☎03-9347-8482
⊙8:00～21:00（金土曜22:00）、無休
MAP＊P.16[B-1]
【アクセス】
D. O. C. Pizza & Mozzarella Barと同じ

上・ドラモンド・ストリートと
ファラデイ・ストリートの角
にある小さなお店。屋外に
も席がある。／左・店内の黒
板には日替わりのピザも並
ぶ。ピザのほか、アンティパ
ストやサラダなどもある。

ゆったりと食事ができる2
階のダイニングエリア。1階
も2階もメニューは同じ。

Carlton Wine Room

カールトン・ワイン・ルーム

おつまみがおいしいワインバー

　ライゴン・ストリートからファラデイ・ストリートを
100mほど入ったところにあるワインバー。1個単位
で注文できるおつまみ各$9程度や小皿料理各
$25〜30が評判のお店です。1階はバーですが、
2階には落ち着いたダイニングスペースもあり、ゆっ
くりと食事を楽しむこともできます。

上・薄い揚げパンの上にリコッタチーズ、アンチョビ、キュウ
リのピクルスがのったおつまみ。／左・ヒラマサの刺身にク
レームフレッシュと甘酢漬けの白菜、ホースラディッシュを
組み合わせたひと皿。／右・ムール貝、キュウリ、ミントを使
ったサラダ風の前菜。

172-174 Faraday St., Carlton／☎03-9347-2626
https://thecarltonwineroom.com.au
🕐12:00(火〜木曜16:00)〜23:00、12月25日〜1月3日休
MAP＊P.16[B-1]
【アクセス】シティのスワンストン・ストリートから1・3/3a・5・6・16・
64・67・72番トラムに乗り、Stop1 Melbourne Universityで下車、
徒歩約5分

Florian

フローリアン

サンドイッチがおいしい素敵カフェ

　カールトン・ノースの商店街、ラスドーン・ビレッジにあ
る素敵なカフェ。サンドイッチがとてもおいしいお店です。ラ
ンチ時には、スープやオムレツ、オープン・サンドイッチとい
った軽めのメニューに加え、肉料理やパスタなども提供。天
気のいい日は屋外のテラス席がおすすめです。

店頭にはテイクアウト用のサンドイッチも並ぶ。

マカダミアナッツのクリーム
とソテーしたマッシュルー
ム、ハーブ、アンチョビを盛
ったトースト $26。

617 Rathdowne St., Carlton North／https://www.instagram.com/florian.eatery
🕐7:30(土日曜8:00)〜15:00、金曜7:30〜15:00、17:00〜21:00、無休
※祝日の営業予定はインスタグラムで確認を／MAP＊P.16[A-1]
【アクセス】シティのスワンストン・ストリートから1・6番トラムに乗り、Stop115 Melbourne
Cemetery Eastで下車、徒歩約4分

※サウス・メルボルンに姉妹店のJuniper(MAP＊P.17[A-1])というカフェあり

The Lab Organics

ラブ・オーガニクス

グアシャ（カッサ）というフェイシャル・マッサージの道具、ボディブラシや入浴剤など、お風呂タイムが楽しくなるグッズもたくさんそろっている。

自然派化粧品がいっぱい

　自然派化粧品が幅広くそろうお店。店内には、世界中から取り寄せられたさまざまなブランドのナチュラル・コスメが並んでいますが、とくにおすすめしたいのが、セイルース（Salus）というメルボルン発のブランドです。セイルースの製品には植物から抽出された成分やエッセンシャル・オイルが使われています。レモンマートルやユーカリなどオーストラリア原産の植物が使われたものも多く、オーストラリアの森の香りが楽しめます。店内には、かわいいお風呂グッズなどもたくさん並んでいます。とても素敵なお店なので、ぜひ訪れてみて。

マカダミアオイルと蜜蝋、タスマニア産ペパーミントを配合したセイルースのリップ・バーム$14。

セイルースの薔薇の香りがするハンドクリームは、さらっとしたつけ心地なのに皮膚がしっとりとやわらかくなるすぐれもの$22。

360 Rathdowne St., Carlton North
☎03-9347-8871／https://thelaborganics.com.au
🕐10:00～17:00、日曜11:00～16:00、無休
MAP＊P.16［A-1］
【アクセス】シティのスワンストン・ストリートから1・6番トラムに乗り、Stop115 Melbourne Cemetery East下車、徒歩約4分

Fitzroy
フィッツロイ

個性あふれるおしゃれエリア

シティの北東に隣接するフィッツロイはボヘミアンな香り漂うおしゃれな町。フィッツロイ散策でまず訪れたいのは、ガートルート・ストリート(Gertrude St.)。テラス席のあるカフェやレストラン、センスのいいブティックなどが軒を連ねる洗練された通りです。また、フィッツロイを南北に貫通するブランズウィック・ストリート(Brunswick St.)も人気の通り。個性的なブティックや飲食店が数多く集まっていて、とくにローズ・ストリート(Rose St.)との交差点周辺にはビーガンのお店やエスニックレストランなどが多く、オルタナティブな雰囲気が楽しめます。

そして近年、おもしろいお店が増えてきているのが、隣町のコリンウッドとの境目となっているスミス・ストリート(Smith St.)。混沌としたなかに、おしゃれなレストランやバー、ライブハウス、ビンテージショップなどが点在しています。フィッツロイは道行く人も超がつくほど個性的。ピープルウォッチングも楽しんでみて。

【アクセス】ガートルート・ストリート、スミス・ストリート方面へはシティから86番トラムに乗車。ブランズウィック・ストリート方面へはシティから11番トラムに乗車。下車する場所は、各スポットのアクセス欄参照。トラム料金を支払いたくない場合は、フリー・トラム・ゾーン内で下車して、徒歩でアクセスすることも可能

MAP＊P.16

上・おしゃれなガートルート・ストリートは端から端まで歩いても800mほど。のんびりと散策して雰囲気を楽しみたい。／下・おしゃれなブティック、ビンテージショップ、エスニックなお店などさまざまな顔を持つブランズウィック・ストリート。

Sonido!

ソニード

散策途中においしいコーヒー
とエッグタルトでほっとひと息。

南米がテーマのファンキーなカフェ

　南米をテーマした小さなカフェ。カラフルな店内にはキッチュでポップな飾りものが並び、レトロで、そしてファンキーで、なんとも楽しい気分にさせてくれます。コーヒーのおともにぜひ食べてほしいのが、レジ横のショーケースに並んでいるポルトガルのエッグタルト。ほんのり甘いカスタードが入ったタルトは、ほっぺたが落ちるほどのおいしさです。また朝食や軽い昼食には、アレパ（Arepa）というトウモロコシ粉でつくった薄焼きパンのなかに具を詰めたものがおすすめ。香ばしいパンとしっとりとした具のコンビネーションが何ともいえないおいしさです。

ユーモラスな置物やかわいらしい小物が小さな店内にところせましと飾られている。

69 Gertrude St., Fitzroy
https://www.sonido.com.au
⊘7:30（土日曜9:00）〜15:00、無休
MAP＊P.15[A-4]、P.16[C-2]
【アクセス】シティのコリンズ・ストリートから11番トラムに乗りStop13 Gertrude St./Brunswick St.で下車、徒歩約1分。もしくは、バーク・ストリートから86番トラムに乗りStop13 Gertrude St./Brunswick St.で下車、徒歩約1分

スクランブルエッグとホガオ（コロンビアのトマトサルサ）を詰めたアレパ$15.40。

Rocco's Bologna Discoteca

ロッコズ・ボローニャ・ディスコテカ

看板メニューのミートボール・サブ$24。

ミートボール・サブが人気

　メルボルンがロックダウンとなった時にテイクアウト用に販売したサンドイッチが話題になり、それがきっかけでオープンしたというお店。大人気のミートボール・サブは、もっちりしたパンの食感、焦げ目の香ばしさ、そしてミートボールのうまみとクリーミーなソースが口に入れると一体となり絶品です。各種サンドイッチが人気ですが、そのほかにカルパッチョやパスタなどもあり、もちろんお酒も飲めます。店内には大きなバーカウンターがあり、雰囲気もまるでワインバーのようにおしゃれ。フィッツロイらしいボヘミアンな雰囲気が味わえるとてもユニークで楽しいお店です。

食後のデザートには、週替わりでフレーバーが変わるソフトサーブ（ソフトクリーム）$9を。

モルタデッラハムを焼いたものとチーズ、ピクルスをはさんだボローニャ・サンドイッチ$16。

夜になるとサンドイッチはミートボール・サブのみとなり、サンドイッチ以外のメニューが増える。

15 Gertrude St., Fitzroy／☎03-9046-2000
https://www.roccosbologna.com
🕐水木曜18:00〜22:00、
　金土曜12:00〜15:00、18:00〜23:00、
　日曜12:00〜15:00、月火曜休
MAP＊P.15[A-4]、P.16[C-2]
【アクセス】シティのパーク・ストリートから86・96番トラムに乗りStop11 Melbourne Museum/Nicholson St.で下車、徒歩約2分

Marion Wine Bar

マリオン・ワイン・バー

ふっくらと調理したムール貝
にキュウリとスパイシーなサラ
ミを加えた人気のひと皿。

ワインと料理のマリアージュ

　白を基調にした明るい店内が魅力のおしゃれな店。ワインの種類が豊富で、小規模なワイナリーのワインも数多く取り扱っているので、ワインが好きな人にはとくにおすすめです。また、料理もおいしく、ワインとの相性も抜群。私がいつも注文するのは、刺身（Crudo）を使った一品や　ムール貝（Mussels）を使った一品。そして、季節の野菜を使った料理もはずせません。どの料理も、ハーブを使ったり、ナッツやパン粉、ライ麦のクリスプを用いたりと、香りや食感にアクセントをつけているところに、料理人のセンスを感じます。サービスもフレンドリーでプロフェッショナル。100点満点のワインバーです。

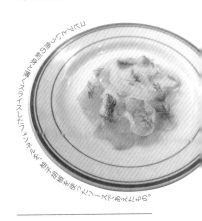

ホタテやカツオなどの魚介をスライスしたクルードも、この日はカジキマグロが使われていた。

53 Gertrude St., Fitzroy
☎03-9419-6262
https://www.marionwine.com.au
17:00（金～日曜12:00）～深夜、無休
MAP＊P.15[A-4]、P16[C-2]
【アクセス】シティのコリンズ・ストリートから11番トラムに乗りStop13 Gertrude St./Brunswick St.で下車、徒歩約2分。もしくは、バーク・ストリートから86番トラムに乗りStop13 Gertrude St./Brunswick St.で下車、徒歩約2分

壁にワインボトルがずらりと並ぶ店内。

Lune Croissanterie

ルーン・クロワッサンテリー

クロワッサン$7.10。
日本のものよりもか
なり大きめ。

世界いちのクロワッサン

NYタイムズ誌が「世界いちのクロワッサン」と評
したクロワッサンが食べられます。3日間かけてつく
られるクロワッサンは、焼き上がった生地が見事な
層になり、表面はパリパリでなかはしっとり。バター
の香りもたまりません。上面にアーモンドがびっしり
とついたアーモンドクロワッサンもおすすめです。

アーモンド・クロワ
ッサン$11.70。なか
にはアーモンドクリ
ームが入っている。

119 Rose St., Fitzroy／https://www.lunecroissanterie.com
🕐7:30（土日曜8:00）〜15:00／MAP＊P.16[B-2]
【アクセス】シティのコリンズ・ストリートから11番トラムに乗り、
Stop17 Leicester St/Brunswick St.で下車、徒歩約1分

※シティ（MAP＊P.15[B-4]）、アーマデール（MAP＊P.13[C-2]）にも
店舗あり

いつも長蛇の列がで
きている。完売次第、
閉店となるので、早
めの時間に訪れて。

Fluffy Torpedo

フラッフィー・トーピド

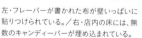

個性的な30種類の
アイスがそろう

左・フレーバーが書かれた布が壁いっぱいに
貼りつけられている。／右・店内の床には、無
数のキャンディーバーが埋め込まれている。

フィッツロイらしい個性が炸裂するアイスクリーム屋。30種以
上あるフレーバーには「ベジマイトとホワイトチョコレート」など奇
抜なものも。アイスクリームのショーケースはありませんが、気にな
るフレーバーはいくつでも味見できます。私のお気に入りは
「Tawny Port, Prunes and Butter」というポートワインとプルー
ンを使ったもの。ラムレーズンを濃厚にしたような味で、絶品です。

5/159 Smith St., Fitzroy／https://www.fluffytorpedo.diamonds
🕐12:00〜深夜、無休／MAP＊P.16[C-2]
【アクセス】シティのパーク・ストリートから86番トラムに乗り、Stop17 Charles St
/ Smith St.で下車、徒歩約1分

上・アイスクリームは1スクープ$7。カップ
またはコーンが選べる。／下・大きな看板
が出ていないので少しわかりづらい。赤茶
色のドアとカラフルな床が目印。

Wholefoods Fitzroy

ホールフーズ・フィッツロイ

品ぞろえがいいオーガニック・ショップ

オーガニックや自然食品が幅広くそろうスーパーマーケットのようなお店。店の入り口付近には野菜や果物が、奥にはナッツやジャム、シリアル、調味料、お菓子などの食品をはじめ、日用品やオーガニック・コスメまで、ありとあらゆるオーガニックものがそろっています。このお店に限ったことではありませんが、オーガニック・ショップで売っているものは、すべてがオーストラリア産のものとは限りません。パッケージの裏側をチェックして、ぜひ「メイド・イン・オーストラリア」の商品をおみやげに選んでくださいね。

277 Smith St., Fitzroy／☎03-9419-5347
https://www.wholefoods.com.au
⊗8:30〜19:00(土曜18:00)、日曜10:00〜18:00、無休／MAP＊P.16[B-2]
【アクセス】シティのバーク・ストリートから86番トラムに乗り、Stop18 Hodgson
St./Smith St.で下車、徒歩約1分

上・商品が整然と並べられているので、買いものがしやすい。／下・小さなお店に見えるけれど、奥行きが広く、品ぞろえも豊富。

上段左から／Sunny Creek Organicのボイズンベリージャム$11.95。／Monsieur Truffeのオーガニックチョコレート$12.99。／ Love Teaのユーカリとレモンマートル入りのハーブティー$14.70。
下段左から／Australian Bush Flower Essencesのハンドクリーム$24.95。／Mount Zeroのスープミックス$10.50。／Grants of Australiaの歯磨き粉$4.20〜5.95。

Zetta Florence

ゼッタ・フローレンス

白とブルーのアールデコ調の外観が目を引く。

上・オーストラリアの動物がデザインされたポケットノートブックは、2冊セットで$14.95。／左・50×70cmのラッピングペーパーは、1枚$7.95、3枚$20。素敵な柄がたくさんあるので、何枚もほしくなる。

美しい紙製品がいっぱい

　紙製品や文具品がそろうお気に入りのお店。おみやげにぜひおすすめしたいのが、アンティーク風のメルボルンの地図や、ビンテージポスターを模した柄のラッピングペーパーです。包装紙として売られているのですが、とてもしっかりとした紙なので、大判ポスターとして額に入れても◎。ほかにも、オーストラリアの動物の柄のダイアリーやメモ帳など、センスのいい紙製品がいっぱい。素敵なおみやげがきっと見つかります。

広い店内には素敵な紙製品や文具品がところせましと並んでいる。

197B Brunswick St., Fitzroy
☎03-9039-5583／https://zettaflorence.com.au
🕙10:00～18:00（土曜17:00）、日曜11:00～17:00、無休
MAP＊P.16[B-2]
【アクセス】シティのコリンズ・ストリートから11番トラムに乗り、Stop14 Hanover St/Brunswick Stで下車、徒歩約2分

週末は

ローズ・ストリートへ行こう！

ローズ・ストリートでは、週末にふたつのマーケットが開かれます。どちらもフィッツロイらしい個性的なマーケット。手づくりの一点ものやレアものに出会えます。

【アクセス】シティのコリンズ・ストリートから11番トラムに乗り、Stop17 Leicester St./Brunswick St.で下車、徒歩約2分

MAP＊P.16[B-2]

左・奥にある倉庫を改装した屋内エリアにも数多くのお店が並んでいる。／右・マーケットの入り口付近には屋台が並ぶ屋外の出店エリアがある。

指輪やネックレスなど素敵なシルバーのジュエリーが並ぶ店ズィペイ（Zipei）。

The Rose St Artists' Market
ローズ・ストリート・アーティスト・マーケット

メルボルンのアーティストたちが自ら出店。アクセサリーや衣料品、陶器や絵画など、さまざまな作品が並んでいます。毎週土日曜午前10時〜午後4時に開催されます。

60 Rose St., Fitzroy／https://www.rosestmarket.com.au

The Fitzroy Market & The Fitzroy Mills
フィッツロイ・マーケット ＆ フィッツロイ・ミルズ

古着を扱うお店がたくさん集まるマーケット。飲食物を売るお店もあり、バンドの演奏も行われ、とてもにぎやか。毎週土日曜午前9時〜午後2時に開催されます（一部店舗は土曜のみ）。

個性的な古着を売るお店が多く、見ているだけで楽しい。

左・フィッツロイらしい、個性的で自由な雰囲気のマーケット。／右・バンドの生演奏もあり、お祭りのような楽しい空間。

75 Rose St., Fitzroy
https://www.fitzroymarket.com

壁一面に描かれた斬新なウォールアート。紙を破ったなかから海水が流れ出て、その下でカエルが行水している。

Brunswick
ブランズウィック

移民文化と若者文化が共存する町

シティの北に位置するブランズウィックは、移民がもたらした文化と若者文化が共存する町。町の中心となるシドニー・ロード（Sydney Rd.）は、中東系の飲食店やシーシャ・ラウンジ（水たばこを吸引するラウンジ）が数多く並ぶエキゾチックな商店街です。一方、RMIT大学のキャンパスがすぐ近くにあるため、若者も多く、しゃれたカフェやバーも点在しています。また、シドニー・ロードには古着や中古品を扱うショップも多く、たくさんの人が掘り出しものを探しにやってきます。

昔ながらのお店と若者向けのお店がごちゃごちゃと並ぶシドニー・ロード。トラムも走っているので歩き疲れたらトラムを利用して。

個性的なビンテージショップは、見ているだけで楽しい。

【アクセス】トラムを利用する場合は、シティのエリザベス・ストリートから19番トラムに乗り、シドニー・ロード方面へ。下車する場所は、各スポットのアクセス欄参照。電車を利用する場合は、シティのフリンダース・ストリート駅もしくはサザンクロス駅からアップフィールド線（Upfield Line）を利用。下車駅は、各スポットのアクセス欄参照

MAP＊P.13[A-2]

スイーツはパックに入ったものもあるほか、好きなものを1個ずつ選んで買うこともできる。

中東のスイーツ専門店

Zaytoune Lebanese Sweets
ザイトゥーネ・レバニーズ・スイーツ

　紙のように薄い生地を何層にも重ね、ナッツを包んで香ばしく焼いたものにシロップをたっぷり含ませた中東のお菓子が購入できます。私のいちばんのお気に入りは、カダイフという細い糸状のペーストリーにピスタチオナッツを詰めたもの。ペーストリーがパリパリで香ばしく、やみつきになるおいしさです。

648 Sydney Rd., Brunswick／☎03-9383-7778
https://www.facebook.com/people/Zaytoune-Lebanese-Sweets/100063489493167
◉9:00〜22:30（金〜日曜23:00）、無休／MAP＊P.13[A-2]
【アクセス】シティのエリザベス・ストリートから19番トラムに乗り、Stop25 Stewart St./ Sydney Rd.で下車、徒歩約1分。もしくは、シティからアップフィールド線の電車に乗り、Anstey駅で下車、徒歩約5分

とても小さな店内だけれど飲食スペースも。

香ばしくカリッと揚がったファラフェルは、ハーブやスパイスがたっぷり入っていてなかはふんわり。

ひよこ豆の中東風コロッケ

Very Good Falafel
ベリー・グッド・ファラフェル

　おいしいファラフェル（ひよこ豆でつくった中東のコロッケのようなもの）が食べられます。ピタ・サンド＄12かプレート＄15を選ぶことができ、プレートを選ぶと、ファラフェルと野菜とフムスが皿に盛られ、サイドにピタパンがついてきます。日替りの野菜料理が5種盛り合わせになったサラダ＄13もおすすめです。

629 Sydney Rd., Brunswick／https://www.instagram.com/verygoodfalafel
◉11:00〜17:00、日曜・祝日休／MAP＊P.13[A-2]
【アクセス】Zaytoune Lebanese Sweetsと同じ

サラダには、好みでタヒニソース（ゴマのペーストを使ったドレッシング）をかけてくれる。

レバノン系の老舗パン屋

A1 Bakery エイワン・ベーカリー

　パン屋の店内で、簡単なレバノン料理を食べることができます。私のおすすめは、キビー（ラム肉を使ったミートボールのようなもの）のプラッター。キビーは香ばしくてとてもおいしいので、ラム肉が好きな人はぜひ食べてみて。

キビーのプラッターは、フムス（ひよこ豆のディップ）とタブーリ（トマトとパセリのサラダ）とピタパンがセットになって＄15。

643-645 Sydney Rd., Brunswick
☎03-9386-0440／https://a1bakery.com.au
◉7:00〜17:00、無休／MAP＊P.13[A-2]
【アクセス】Zaytoune Lebanese Sweets と同じ

※フィッツロイ（MAP＊P.16[B-2]）にも店舗あり

Zerya

ザリヤ

左・奥にも店舗が続く、ゆったりとした店内。／右・ストーンやシルバーを使ったエキゾチックなジュエリーがいっぱい。

天然素材へのこだわり

上品な色合いが美しい、手織りのシルクのスカーフ$149。

　少量生産されたカットの美しい洋服やセンスのいいアクセサリーがそろうお店。エシカルファッションをモットーとし、シルクや麻、メリノウールといった、良質の天然素材が使われています。トルコ出身のオーナーがトルコから仕入れた手織りの布や手染めの布を使った商品も多く、大量生産品にはない色合いや風合いの洋服やスカーフがたくさんあるのが魅力です。本革を使ったウォレットやバッグ、シルバーやトルコ石を使ったジュエリーも豊富。いつ顔を出しても、必ず素敵な商品が見つかります。値段も手頃なので、のぞいてみて。

かぎ針編みのモチーフがかわいいタンクトップ$99。

ラフィア（ヤシの葉から
つくられた天然繊維）
の手編みバッグ$139。

157 Sydney Rd., Brunswick
☎0411-746-529／https://www.zerya.com.au
🕐10:30〜18:00（金曜18:30）、日曜11:00〜17:00、無休
MAP＊P.13［A-2］
【アクセス】シティのエリザベス・ストリートから19番トラムに乗り、Stop21
Brunswick Townhall/Sydney Rd.で下車、徒歩約3分。もしくは、シティからアップフィールド線の電車に乗り、Jewell駅で下車、徒歩約4分

シドニー・ロードで リサイクルショップめぐり

これは掘り出しもの！ダーティントン・クリスタルのボウル$3.99。

シドニー・ロードには、約2kmの距離に17軒ものリサイクルショップが並んでいます。リサイクルショップといっても、中古品を売買するセレクトショップのようなお店から、チャリティー団体が運営するOPショップ、ブランドやビンテージに特化したお店など、その形態はさまざま。

数あるリサイクルショップのなかで私のおすすめは、「セイバーズ」と「スカベンジャース」の2店。セイバーズはリサイクル品のデパートのようなお店で品ぞろえが豊富。思わぬ掘り出しものが見つかることもあり、お宝探し気分になれます。一方、スカベンジャースは、ビンテージものを中心に扱っていて、店内の飾りつけもかわいらしく、見ているだけでも楽しめます。

Savers
セイバーズ

シルバーとブルーグラスのレトロなシュガーボウル$9.99。

上・古着との出会いは一期一会。サイズやコンディションをよくチェックして。／左・赤い大きな看板が目印。

レトロな陶器のエッグスタンドは2個セットで$3.99。

広大な店内はカテゴリーごとに陳列され、とても見やすい。チャリティ団体に寄付されたものを買い取ることによって、チャリティ団体を支援しています。

330 Sydney Rd., Brunswick
☎03-9381-2393／https://www.savers.com.au
🕘9:00〜19:00（木金曜21:00）、土曜9:00〜18:00、
日曜・祝日10:00〜18:00、無休／MAP＊P.13[A-2]
【アクセス】Scavengers と同じ

Scavengers
スカベンジャース

木製のかわいい鳥の置物$7。

店内にはビンテージのファッション・アイテムがところせましと並んでいる。

ビンテージファッション風のイヤリング$4。

古着やバッグなどの服飾品をはじめ、食器や雑貨、レコードなど、ビンテージものやレトロなグッズを集めたお店。個性的なアクセサリーも見つかります。

小さなお店だけれど、歩道に看板とディスプレイが出ているのでわかりやすい。

349 Sydney Rd., Brunswick／☎0401-311-141
https://www.instagram.com/scavengers.brunswick
🕘10:30〜18:00、無休／MAP＊P.13[A-2]
【アクセス】シティのエリザベス・ストリートから19番トラムに乗り、Stop22 Albert St./Sydney Rd.で下車、徒歩約2分。もしくは、シティからアップフィールド線の電車に乗り、Brunswick駅で下車、徒歩約5分

Southbank &
Gardens

サウスバンク&公園地区

橋を渡ってヤラ川の南岸へ

シティのフェデレーション・スクエアからプリンセス橋を渡り、ヤラ川南岸を訪れてみましょう。

　プリンセス橋を渡って右手（西）に広がるのが、サウスバンクと呼ばれるエリアです。かつて倉庫街だった場所が30年ほど前に再開発され、コンサートホールやホテル、レストランやカジノなどが並ぶ魅力的なエリアに大変身を遂げました。川沿いにはプロムナードが続き、テラス席のあるレストランが並んでいます。対岸のシティを望む人気の夜景スポットでもあります。

　プリンセス橋を渡って左手（東）には、アレクサンドラ庭園、クイーン・ビクトリア庭園、キングス・ドメイン、王立植物園という4つの公園が広がっています。こんなにも広大な緑地が町の中心にあるのは、ガーデン・シティと呼ばれるメルボルンならでは。アレクサンドラ庭園沿いの川岸には19世紀から続く由緒あるボートクラブが並び、週末には、ヤラ川でローイング競技（オール漕ぎボート）の練習が行われています。

上・プリンセス橋から西の川沿いにはテラス席のあるレストランが並び、多くの人でにぎわっている。／左・ヤラ川南岸に広がる緑豊かな公園エリアは、メルボルニアンの憩いの場となっている。

【アクセス】シティから徒歩。フェデレーション・スクエアからプリンセス橋を渡ってすぐ

MAP＊P.14-15、17

Melbourne Skydeck
メルボルン・スカイデッキ

空の上からメルボルンを一望

　超高層ビル「ユーレカ・タワー」の88階にある、南半球でいちばん高い展望デッキ。展望台からは、メルボルンと周辺地域を360度見渡すことができます。また、ガラスキューブのなかに入ってビルの側面に飛び出す「エッジ」や、バーチャルリアリティ体験ができる「ボイジャー」というアトラクションもあります。

上・北西方向にはヤラ川下流とドックランド周辺が見える。／左・ビルの入り口でチケットを買い、エレベーターに乗って88階へ。／右・「エッジ」のガラスキューブは、床もガラスでできている。

Level 88, Eureka Tower, 7 Riverside Quay, Southbank
☎03-9693-8888／https://www.melbourneskydeck.com.au
🕒4月上旬〜10月上旬：12:00〜21:00
（金土曜22:00、ただし祝日の場合21:00）、無休
　10月上旬〜4月上旬：12:00〜22:00、12月31日12:00〜17:00、12月25日休
※入場は閉館時間の30分前まで
【入場料】オンライン$28、現地$34（スカイデッキ入場のみ）、アトラクション込みのチケットはウェブサイトで確認を／MAP＊P.15［C-3］

Crown Melbourne
クラウン・メルボルン

24時間営業しているけれど、カジノならではの華やかさが味わえる夜に訪れたい。

華やかな大人の遊び場

　カジノ、劇場、ホテル、レストラン、ブティックなどが集まる一大エンターテインメントエリア。飲食店はファストフードから世界的に有名なセレブシェフのレストランまで、幅広くそろっています。夜になるとヤラ川沿いのプロムナードに並ぶ柱から1時間ごとに火が吹き上がり、夜景とともに楽しめます。

8 Whiteman St., Southbank／☎03-9292-8888／https://www.crownmelbourne.com.au
🕒24時間営業、無休（ただし聖金曜日・4月25日・12月25日は4:00〜12:00まで休）／MAP＊P.14［C-2］

Royal Botanic Gardens

王立植物園

都会のなかのオアシス

1846年に設立された由緒ある庭園。36ha（東京ドームの約7.6倍）の広大なエリアには、世界中から集められた8500種以上もの植物が植えられています。園内には小鳥のさえずりが響き渡り、湖には水鳥の姿も見られ、都会のなかのオアシスのようなところ。緑のなかでのんびりとくつろぎたい時におすすめの場所です。

ビジター・センターのあるオブザーバトリー門のほかに9つの門があり、どこからでも入場できる。

Birdwood Ave., Melbourne／☎03-9252-2300／https://www.rbg.vic.gov.au/melbourne-gardens
🕐庭園：7:30〜19:30、無休／🕐ビジター・センター：9:30〜17:00
【入園料】無料／MAP＊P.17［C-2］
【アクセス】フェデレーション・スクエアからオブザーバトリー門まで徒歩約20分。もしくは、3/3a・5・6・16・64・67・72番トラムに乗り、Stop19 Shrine of Remembranceで下車、徒歩約5分

ギフトショップをチェックして

　王立植物園のビジター・センターに併設されたギフトショップには、かわいいものがいっぱい！ オーストラリアの植物がデザインされたマグカップやキッチンクロス、植物のアロマ・オイルを使ったにおい袋や石鹸など、おみやげに持って帰りたくなるようなものがたくさんそろっています。ぜひ立ち寄ってみて。

左から／豪州産サンダルウッド（白檀）の芳香剤$16.95。クローゼットに吊り下げて香りを楽しんで。／ワイルドフラワーがデザインされたオーガニックコットンのキッチンクロス$34.95。／ユーカリの香りのハンドクリーム$16.95。／オーストラリア原産のグレビレアの花をデザインしたマグカップ$11.95。

オーストラリアはめずらしい植物の宝庫。オーストラリアでしか手に入らないおみやげが見つかる。

Royal Botanic Gardens Shop
王立植物園ギフトショップ

☎03-9252-2341／🕐9:30〜17:00、無休
MAP＊P.17［C-1］

The Kettle Black

ケトル・ブラック

乙女心をくすぐるキュートなカフェ

王立植物園から歩いて約10分、モダンな高層ビルが立ち並ぶなかに突然あらわれるビクトリア様式のテラスハウス。ケトル・ブラックは、このレトロなテラスハウスと、隣に立つモダンなビルのスペースを合体させたユニークなカフェです。この店での私のおすすめは、メープル・ベーコン・ベネディクト。香ばしいジャガイモのロスティの上にエッグ・ベネディクトがのせられ、さっと炒めたケールとカリッと焼いたベーコン、酸味のあるソースと唐辛子のピクルスの相性が抜群で、天にものぼるおいしさです。

店内左手のモダンなスペース。レトロなテラスハウスのスペースとは対照的。

上・高層ビルの一部として古いテラスハウスを残し、カフェとして利用している。／左・メープル・ベーコン・ベネディクト$26は、絶妙の火加減で調理されていて、ナイフを入れると、卵の黄身がとろりと流れ出す。

50 Albert Rd., South Melbourne
☎03-9088-0721／https://thekettleblack.com.au
⏰7:00（土日曜・祝日8:00）〜16:00、無休／MAP＊P.17[B-2]、P.17[D-1]
【アクセス】シティのスワンストン・ストリートから、3/3a・5・6・16・64・67・72番トラムに乗りStop20 ANZAC Stationで下車、徒歩約3分

サウスバンクは夜の散策にもおすすめのスポット。
ライトアップされたフリンダース・ストリート駅やセント・ポール大聖堂が
夜空に浮かび上がり、ヤラ川の水面にはビルの灯りが映って、
とても美しい夜景を楽しむことができます。
川沿いのプロムナードをぶらぶらと散歩したり、
夜景を見ながら食事やドリンクを楽しんでみてはいかが？

夜空に浮かび上がる
メルボルンの街

サウスバンクのプロムナード沿
いは飲食店が並び、夜でもにぎ
やか。安心して散歩を楽しめる。

夜景のレストラン＆バーを2軒紹介

ビールやワイン、ウイスキー、カクテルなど、お酒の種類も豊富。

上・橋げたの部分に船の形のバーエリアが。／右・ヤラ川に架かる歩道橋の真ん中にある階段を降りていくとバーがある。

Ponyfish Island
ポニーフィッシュ・アイランド

ヤラ川に架かる歩道橋の下につくられた川面に浮かぶバー。夜景を見ながらビールやワイン、カクテルなどを楽しむことができます。ヤラ川の真ん中に浮かんでいるので、シティ側とサウスバンク側、両方の夜景がきれいに見えます。メルボルンの思い出に残るひとときが過ごせます。

Evan Walker Bridge, Southbank
https://www.ponyfishisland.com.au
⏰11:00〜翌1:00、無休／MAP＊P.15［C-3］

Yarra Botanica
ヤラ・ボタニカ

サウスバンクの埠頭に停泊した船の上で飲食ができるようになっているカジュアルなレストラン＆バー。お酒はビクトリア州産のワインやビールを主に提供していて、料理にも地元の食材が使われています。この場所からは、ライトアップされたフリンダース・ストリート駅の時計台が美しく見えます。

飲みものや食べものは、自分の席からスマホでバーコードを使ってオーダーすることができる。

Lower Wharf, Southbank Promenade, Southbank
(4 Riverside Quay前の埠頭)
☎03-8840-4824／https://yarrabotanica.com.au
⏰12:00（金曜11:30）〜深夜、土日曜11:00〜深夜、無休
MAP＊P.15［C-3］

ヤラ川に停泊した船を利用したバー＆レストラン。

ビクトリア州産のタコと海藻を使ったおつまみ$25。

ビクトリア州ギップスランド地方でとれたカラマリのフリット$25。

South Melbourne

サウス・メルボルン

レトロな街並みが素敵

カフェがずらりと並ぶコベントリー・ストリート

左・アイアン・レース（鉄でできたレースのような飾り）が美しい19世紀のテラスハウスが数多く残っている。／右・1880年建造のタウンホール。2023年現在、内部の修復作業が行われている。

シティから96番トラムに乗って南へ約15分、サウスバンクの高層ビル群を抜けると、町の雰囲気は一転、レトロなサウス・メルボルンの町に到着します。現在96番トラムが走っているルートは、1987年まで鉄道が走っていた場所。19世紀に建てられた煉瓦づくりの鉄道駅が、現在ではトラムの停留所として利用されています。サウス・メルボルンの散策は、旧鉄道駅に隣接するサウス・メルボルン・マーケットから。150年の長い歴史を誇るマーケットの活気ある様子をのぞいてみましょう。

マーケットの散策を終えたら、コベントリー・ストリート（Coventry St.）へ。雑貨店、ブティック、カフェなどが並ぶ素敵な通りです。コベントリー・ストリートの南側は、サウス・メルボルンのなかでもとくにレトロな雰囲気にあふれたエリア。19世紀に建てられたタウン・ホールはとくに美しく必見です。またセシル・ストリートには鉄のレース飾りが美しいテラスハウスが数多く並んでいるので、アルバート・パーク方面へ向かって、静かな住宅街をのんびりと散歩するのもおすすめです。

【アクセス】シティからトラムで約15分。シティのパーク・ストリートから96番トラムに乗りStop127 South Melbourne Stationで下車。またはシティのコリンズ・ストリートから12番トラムに乗りStop127 York St./Clarendon St.で下車

MAP＊P.17

倉庫を改装してつくったカフェ。
繁華街から少し離れた場所にある。

ベルベットのようになめらかな口当たりのフラット・ホワイト

ST. ALi
セント・アリ

バリスタの腕が光るセント・アリのコーヒー。

コーヒー好き必訪のお店

　メルボルンのコーヒーシーンにおいて、サード・ウェーブの先駆者となったお店。フラット・ホワイトが1杯$5.95〜と値段は高めですが、苦みとまろやかさのバランスがよく、甘みさえ感じる素晴らしいコーヒーがいただけます。店内にはコーヒー豆のほか、食品やオリジナルグッズを販売するコーナーもあります。

12-18 Yarra Pl., South Melbourne
☎03-9132-8966／https://stali.com.au
◎7:00〜17:00、無休／MAP＊P.17[A-1]
※シティに2か所、メルボルン国際空港内にも店舗あり

Bellota Wine Bar
ベロータ・ワイン・バー

通いたくなるワインバー

　サウス・メルボルンらしいテラスハウスのなかにある素敵なワインバー。隣接するワインショップが経営しているので、ワインの種類が豊富です。おつまみや小皿料理でワインを楽しむのもよし、肉や魚料理をしっかり食べたい時にも利用できる使い勝手のいいお店です。

歴史を感じるレトロなテラスハウスのワインバー。

左・壁にミューラルが描かれた中庭のエリアも素敵。／右・シャルキュトリーやアランチーニなどのおつまみとワインがおいしい。

181 Bank St., South Melbourne／☎03-9078-8381
https://bellota.com.au／◎12:00〜23:00、月日曜・祝日休
MAP＊P.17[B-1]

South Melbourne Market

サウス・メルボルン・マーケット

こだわりのメルボルニアンが足を運ぶ

1867年にオープンした歴史ある市場。こぢんまりしていながら、オーガニック食品を扱うお店や、新鮮で質のいい生鮮食品を売るお店が多く、食にこだわりを持ったメルボルニアンに人気のマーケットです。また、メルボルンのアーティストによる活動を応援するために、ソー・ミー・スペース(SO:ME Space)と呼ばれるエリアが設けられていて、センスのいい雑貨やファッションのお店が数多く出店しているのも魅力。素敵なアクセサリーや小物もたくさんあるので、ぜひのぞいてみて。

South Melbourneを略して「SO:ME Space」と名づけられたエリアには、ファッションや雑貨のお店が並ぶ。

上・エメラルド・デリ(Emerald Deli)は、チーズやハム、お惣菜、スイーツなど、おいしいものがそろうお店。／下・アプタス・シーフード(Aptus Seafood)ではさまざまな種類の生牡蠣を1個単位で購入して、その場で食べらべができる。

コベントリー・ストリートに面したエリアには、果物や野菜のお店が軒を連ねる。

ペイストリーやスイーツがおいしいアガサ・パティスリー(Agathe Patisserie)は大行列ができる人気店。

Cnr. Coventry & Cecil Streets, South Melbourne
https://www.southmelbournemarket.com.au
⊘8:00〜16:00(金曜17:00)、月火木曜休／MAP＊P.17[A-1]

Nutshoppe
ナットショップ

　マーケット内にあるナッツやドライフルーツ、豆類、粉類、穀物類などの乾物を扱う専門店。ナッツはすべて自家焙煎しています。オーストラリア産やオーガニックものを数多く取りそろえています。

https://www.nutshoppe.online

上・ナッツは量り売りのほか、袋入りもある。すべてに産地が明記されているのがうれしい。／右・スーパーフードのリンシードやチアシードもおすすめ。

左・ドライフルーツは250g単位で購入可。オーストラリア産のものを選んで！／右・ピスタチオのみでつくられたピスタチオ・バター$20。

South Melbourne Market Organics
サウス・メルボルン・マーケット・オーガニクス

　オーガニックの野菜や果物が並ぶこのお店では、搾りたてのジュースが人気。オレンジジュースや、セロリ、キュウリ、リンゴ、人参、ホウレン草をミックスしたもの、ビートルート（ビーツ）、リンゴ、ナシ、レモンを使ったものなど、色あざやかなジュースがいっぱい。もちろん使われている材料はすべてオーガニックです。

上・サウス・メルボルン・マーケットのコベントリー・ストリートに面した場所にある。／右・オレンジジュースは500ml入り$3.99。そのほかのジュースは500ml入り$8.99。

https://southmelbournemarketorganics.com.au

オーストラリアの
パブ文化
Pub

英国の植民地としてスタートしたオーストラリアには、どんな町にも必ずといっていいほど「パブ」と呼ばれる酒場があります。パブとはもともと「パブリック・ハウス」の略で、大衆が交流する場所を意味します。オーストラリア人にとって、パブはとても身近なもの。小さな村では、パブ=その村の人たちの唯一の社交の場、なんていうところもあります。

たいていパブは、カウンターでお酒を飲むバー・エリアと、座って食事をするビストロ・エリアに分かれていて、ビストロでは食事を楽しむ家族連れの姿も見られます。またなかには、ファインダイニング顔負けのおいしい料理を提供するパブもあり、そのようなパブは「ガストロパブ」と呼ばれます。

オーストラリアを訪れると、多くのパブに「ホテル」という名前がついていることに困惑する人も多いかもしれません。これはその昔、宿泊施設でなければお酒を提供することができないという法律があったため、パブの上階に宿泊施設を設けて「ホテル」という名前をつけたことの名残です。

Beer
オーストラリアのビール

オージーはビールが大好き！ ビクトリア州で醸造されたビールのなかから、とくにオージーに人気のビール4種をご紹介します。

Carlton Draught
カールトン・ドラフト

メルボルンでは、パブのタップ（生ビールのサーバー）でよく見かける大衆的なビール。軽くてのどごしがいい。

Victoria Bitter
ビクトリア・ビター

VB（ヴィービー）の愛称で知られ、オーストラリア全土でもっとも一般的なビール。クセが少ない。

Melbourne Bitter
メルボルン・ビター

まろやかさがありながら、しっかりした苦みを持ち合わせたラガータイプ。麦のうまみと香ばしさを感じる。

Mountain Goat Pale Ale
マウンテン・ゴート・ペール・エール

メルボルンで醸造されているクラフトビール。びっくりするほどフルーティー！ さっぱりとした飲み心地。

Lamaro's Hotel

ラマロズ・ホテル

レトロなパブでおいしい料理を

　料理のおいしさに定評があるレトロなパブ。パ
ブ定番の料理もありますが、ここではぜひ、クリ
エイティブなモダン・オーストラリア料理を食べ
てみて！ ダイニング・エリアのほかにバー・エリ
アもあり、カウンターでビールやワインを飲みなが
ら、おつまみを食べることもできます。

上・タコをやわらかく調
理したものに、赤ピー
マンとハリッサのソース
を添えた一品$30。/
左・このお店のように、
おいしい食事を提供す
るパブのことを「ガスト
ロ・パブ」と呼ぶ。

273-279 Cecil St., South Melbourne
☎03-9690-3737／https://www.lamaroshotel.com.au
⊙12:00〜24:00、無休／MAP＊P.17[B-1]
【アクセス】シティのパーク・ストリートから96番トラムに乗り
Stop128 Albert Park Stationで下車、徒歩約4分。または、シ
ティのコリンズ・ストリートから12番トラムに乗りStop130 Albert
Rd./Clarendon St.で下車、徒歩約4分

Montague Hotel

モンタギュー・ホテル

カジュアルでフレンドリーなパブ

　カジュアルなパブで楽しく時を過ごしたいな
ら、モンタギュー・ホテルがおすすめ。サウス・
メルボルン・マーケットの喧騒から少し離れた
場所にあり、地元の人たちに人気があるパブで
す。メニューに並ぶのは、チキンパルミジャーナ、
バーガー、フィッシュ＆チップス、ステーキとい
った典型的なパブごはん。オージー・スタイル
のパブ体験をしたい人におすすめです。

上・鶏肉のシュニッツェルにト
マトソース・ハム・チーズをのせ
てグリルしたチキンパルミジャー
ナ$28。オージーはこれを略
して「チキンパーマ」と呼ぶ。/
右・テラスハウスが並ぶ閑静な
住宅街のなかにある。

355 Park St., South Melbourne／☎03-9645-9483／https://www.themontague.com.au
⊙12:00(月火曜16:00)〜深夜、無休／MAP＊P.17[B-1]
【アクセス】シティのスワンストン・ストリートから1番トラムに乗り、Stop27 Montague St./Park
St.で下車すぐ。サウス・メルボルン・マーケットからは徒歩約10分

Armadale
アーマデール

ブティックめぐりが楽しい

メルボルン南東部にある閑静な高級住宅街アーマデール。駅前のハイ・ストリートという通りには、ブティックやカフェ、ギャラリーなどが道の両側に並んでいます。メルボルンでいちばんの超高級住宅街トゥーラック（Toorak）も近いからか、上品でセンスのいいお店が多く、ぶらぶらとウインドーショッピングをするだけでも楽しめます。デパートやファッションビルといった大型店舗でのショッピングではもの足りない人は、アーマデールへ出かけてみてはいかが。

ハイ・ストリートはブティック・ショッピングのメカ。センスのいいお店が集まる。

アーマデール駅とハイ・ストリートを結ぶキングス・アーケード。

【アクセス】フリンダース・ストリート駅からフランクストン線の電車に乗り約11分、アーマデール駅で下車。駅の東口（改札を出て左手）から、キングス・アーケード（Kings Arcade）を抜けると、ハイ・ストリート（High St.）に出る

MAP＊P.13[C-2]

Mister Zimi
ミスター・ズィミ

カラフルなアイテムが豊富

ミスター・ズィミは、バリ島にインスパイアされたカップルが立ち上げたメルボルン生まれのファッション・ブランド。思わずほしくなってしまう、個性的でかわいいプリント柄の洋服がいっぱい。ゆったりしていて、リラックスして着られるデザインが多いので、リゾートウエアにもぴったりです。

Kings Arcade, 974-978 High St., Armadale／☎03-9576-0477
https://misterzimi.com／⊘10:00(日曜11:00)〜17:00、無休／MAP＊P.13[C-2]

左・ドレスは1着$159〜189。ロングドレスだけでなく膝上丈のドレス、トップやボトムもある。／右・お店はアーマデール駅からハイ・ストリートへ抜けるアーケード内に。

Lee Mathews

リー・マシューズ

本革を編んでつくられた
サンダル$659。

リサイクル素材でできた
バッグ$199。

品のあるかわいらしさ

　ファッション誌ヴォーグ・オーストラリアのアート・ディレクターを務めたリー・マシューズが立ち上げた服飾ブランドの直営店。かわいらしさと品のよさを兼ね備えた自社ブランドの洋服を中心に、ほかのブランドのアクセサリーやファッション雑貨なども取りそろえた素敵なブティックです。

1046 High St., Armadale／☎0424-440-900
https://leemathews.com.au
🕐10:00～17:30(土曜17:00)、日曜10:00～16:00、無休
MAP＊P.13[C-2]

ディスプレイも美しい店内。

ショッピングの後に、
おいしいコーヒーで一服したい。

Coin Laundry Café

コイン・ランドリー・カフェ

住宅街のなかのかわいいお店

　静かな住宅街に佇むカフェ。その名の通り、かつてコイン・ランドリーだったところを改装してカフェにしたのだそう。その店名にちなんで、店内には洗濯物を模した小さなオブジェの飾りつけが！ ハイ・ストリートでのショッピングの後に、ぜひ立ち寄ってみてください。

思わず写真を撮りたくなる素敵なインテリア。朝食や昼食メニューも。アーマデール駅西口駅前（改札を出て右）にある。

61 Armadale St., Armadale／☎03-9500-1888
https://www.instagram.com/coinlaundrycafe
🕐6:30～15:30、無休／MAP＊P.13[C-2]

トラムや電車に乗ってビーチへ行こう！

ポート・フィリップ湾に面したメルボルンでは、
気軽にビーチを訪れることができます。
公共交通機関を使って簡単にアクセスできる
人気のビーチをご紹介しましょう。

セント・キルダのビーチ沿いには、カフェやレストランが並び、夏の週末には多くの人でにぎわう。

ポート・フィリップ湾に面した
おだやかなビーチが続く。

St. Kilda Beach

セント・キルダ・ビーチ

シティからトラムで25分

メルボルンのビーチといえば、真っ先に名前があがるのがセント・キルダ・ビーチです。シティからトラムで簡単にアクセスできる手軽さに加え、ビーチ沿いにカフェやバーが並ぶにぎやかさも魅力です。また、ビーチのすぐそばには「ルナパーク」という屋外遊園地もあり、エスプラネードという大通りでは毎週日曜にマーケットも開かれます。ビーチのすぐ北にある桟橋（2024年初旬、改修工事完了予定）もぜひ歩いてみてください。桟橋の先にはレトロなキオスクが建っていて、その先に続く堤防にはリトル・ペンギンが住みついています。ペンギンは日が暮れる頃に巣に帰ってくるので、日没前後の時間に訪れると高い確率でペンギンに会うことができます。

©Jordan Tan | Dreamstime.com

桟橋の先端にあるキオスク。ペンギンが見られる防波堤はキオスクの左手からアクセスできる。

【アクセス】シティからトラムで約25分。スワンストン・ストリートから16番トラムに乗りStop 136 The Esplanadeで下車。またはパーク・ストリートから96番トラムに乗りStop136 The Esplanadeで下車。またはコリンズ・ストリートから12番トラムに乗りStop143 Fitzroy St./Park St.で下車

MAP＊P.13［C-2］

Brighton Beach

ブライトン・ビーチ

かわいいフォトスポット

シティから電車で簡単にアクセスできるブライトン・ビーチは、カラフルなビーチ小屋がずらりと並ぶフォトジェニックな場所として大人気。写真を撮るために多くの観光客がこのビーチを訪れます。「ベイジング・ボックス（Bathing Box）」と呼ばれるこれらの小屋が建てられはじめたのは19世紀後半のこと。当時は女性が水着に着替える場所として使われていました。さまざまな色や柄にペイントされたかわいらしいベイジング・ボックスは、今ではすっかりメルボルン名物になっています。

このビーチがあるブライトンの町は、メルボルン屈指の高級住宅街。ビーチを訪れた後は、ミドル・ブライトンの駅まで歩き、おしゃれなブティックやカフェが並ぶチャーチ・ストリートを散策してみるのも楽しいでしょう。

ベイジング・ボックスは、普通の不動産のように売買されて、個人が所有している。

【アクセス】シティのフリンダース・ストリート駅からサンドリンハム線（Sandringham Line）の電車に乗り約25分、ブライトン・ビーチ（Brighton Beach）駅で下車。海沿いの遊歩道を北に向かって10分ほど歩くと、ベイジング・ボックスが並ぶビーチに到着する MAP＊P.12[B-2]

おだやかなポート・フィリップ湾に面したビーチ。遠くにはシティの高層ビル街も見える。

Hotel　メルボルンで泊まる

メルボルンには豪華な5ツ星ホテルや個性的なブティックホテル、アパートメントタイプのホテルなど、さまざまな宿泊施設がそろっています。観光に便利なロケーションを重視して、シティ内とサウスバンクにあるおすすめのホテルをご紹介します。

◎各宿泊施設の料金は、ローシーズンの最低料金。イベントが数多く開催されるメルボルンでは、宿泊料金が日によって大きく上下するのでご注意を

Next Hotel Melbourne

ネクスト・ホテル・メルボルン

ひとクラス上の快適さ

　2021年にオープンしたラグジュアリーなホテル。ホテル内には、ロビーラウンジやバーなど、会員制クラブを思わせるようなエリアがいくつも用意されていて、宿泊客がゆったりとくつろげるように配慮されています。おいしいレストランが数多く集まるフリンダース・レーンや、エレガントなコリンズ・ストリートも近く、メルボルンのシティライフを満喫しながら、ホテルではゆったりとくつろぎたいという人におすすめ。ひとクラス上のラグジュアリー感が味わえるホテルです。

上・Next Roomというもっともスタンダードな客室は27㎡。／左・ホテル内にはメルボルンのグルメガイドで1ハットを獲得した「La Madonna」というイタリアンレストランも入っている。

103 Little Collins St., Melbourne
☎03-9118-3333／https://nexthotelmelbourne.com
🛏一室$270〜、朝食別／全255室／MAP＊P.15[B-4]

Quay West Suites Melbourne

キー・ウェスト・スイーツ・メルボルン

シティ・ビューの部屋からは、ヤラ川とシティが一望できる。夜景も素晴らしい。

ヤラ川を望む絶好のロケーション

サウスバンクのプロムナード近くにあるアパートメントホテル。シティのフリンダース・ストリート駅からプリンセス橋を渡ってすぐ、というロケーションなので、観光にもとても便利です。客室は全室アパートメントタイプで、スタジオルームは電子レンジのみの簡易キッチンつき、1〜3ベッドルームはフルキッチンに加え、洗濯機と乾燥機まで完備。ほとんどの客室がヤラ川に面していて、素晴らしいながめを楽しめます。高層階のほうがながめがより素晴らしいので、予約時に「River View」と「Higher Floor」のリクエストを入れておくことをおすすめします。

1ベッドルーム・スイートのベッドルームには、クイーンサイズのベッドが1台入っている。

1ベッドルーム・スイートはリビングスペースも広々。客室内に洗濯機と乾燥機があるのも便利。

上・プール、サウナ、ジャグジー、ジム設備も完備。／左・ホテル内にはレストランもある。何でもそろっている5ツ星ホテル。

26 Southgate Ave., Southbank／☎03-9693-6000
https://www.quaywestsuitesmelbourne.com.au
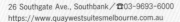 一室$262〜、朝食別（朝食つきのプランもあり）
　全108室／MAP＊P.15[C-3]

Veriu Queen Victoria Market

ヴェリュー・クイーン・ビクトリア・マーケット

市場の前で暮らすようにステイ

　2022年11月にオープンした全室キッチンつきのホテル。クイーン・ビクトリア・マーケットの真ん前に位置しているので、暮らすようにステイしたい人におすすめ。各階に無料で使える洗濯機と乾燥機が用意されているのも◎。ホテルのすぐ近くにはトラム停留所があり、シティの中心部へもトラム1本で簡単にアクセスできます。

スーペリア・スイートは広さ30㎡で、クイーン・ビクトリア・マーケットに面している。

91 Therry St., Melbourne／☎03-9100-4600
https://veriu.com.au/hotels/veriu-queen-victoria-market
🏨 一室$180〜、朝食別／全110室／MAP＊P.14[A-2]

上・できたばかりのホテルなので新しくて気持ちいい。／左・全室モダンなキッチンつきで、食洗器も完備。

上・とても快適なベッド。ほとんどの客室は28〜35㎡。／右・屋外プールは温水で一年中オープンしている。

Le Meridien Melbourne

ル・メリディアン・メルボルン

どこへ行くにも便利なロケーション

　アールデコ様式の劇場を改装して2023年にオープンした5ツ星ホテル。周辺にはおいしいレストランがたくさんあり、食べ歩きにも便利。また、ホテルの目の前にはトラム停留所があり、サウス・メルボルン・マーケットやフィッツロイへもトラム1本でアクセスできます。シティではめずらしく、ルーフトップ・プールがあるのも魅力。

20 Bourke St., Melbourne／☎03-9123-3900
https://www.marriott.com/en-us/hotels/melmd-le-meridien-melbourne
🏨 一室$216〜、朝食別／全235室／MAP＊P.15[B-4]

5ツ星ホテルなのでサービスも一流。

Beyond Melbourne

メルボルンから足をのばして

ヤラ川上流域のなだらかな大地に見渡す限りブドウ畑が続くヤラ・バレー。

Yarra Valley

ヤラ・バレー＆ダンデノン丘陵

Dandenong Ranges

ユーカリの大木や木生シダがうっそうと茂るダンデノン丘陵は夏でもひんやりと涼しい。

ワイナリーめぐりと森林浴へ

メルボルンから簡単に日帰りで、ワイナリーめぐりや森林浴を楽しめるのがヤラ・バレーとダンデノン丘陵です。

ビクトリア州には数多くのワインの名産地がありますが、なかでもヤラ・バレーはメルボルンからも近く、セラー・ドア（試飲直売所）やレストランを備えたワイナリーが多いため、観光客にとても人気があるエリアです。ヤラ・バレーでブドウの栽培がはじまったのは、今から180年も前のこと。20世紀前半にはワイン生産が途絶えてしまった時期もありましたが、1960年代にブドウ栽培が再開され、今ではオーストラリア屈指のワイン産地となっています。冷涼な気候のヤラ・バレーでは、とくにシャルドネやピノ・ノワールといった品種のワインが有名です。レストランを併設したワイナリーも多く、ワインとともに美食も楽しめるのがヤラ・バレーの魅力。人気のレストランは混んでいることも多いので、ワイナリーで食事をしたい場合は訪れる前に予約を入れておくことをおすすめします。

一方、ダンデノン丘陵は、ヤラ・バレーの南に広がる丘陵地帯です。ユーカリの木やシダが茂るダンデノン丘陵の景観は、牧歌的なヤラ・バレーの景色とは対照的。森の妖精が出てきそうな深い森のなかでドライブやハイキングを楽しんだり、山間のかわいい村を訪ねたり、機関車に乗ったり、庭園を訪れたりと、楽しみ方もいろいろ。ユーカリのさわやかな香りに包まれ、新鮮な空気をいっぱい吸い込んで、心も身体もリフレッシュできる場所です。

レンタカーを使ってダンデノン丘陵とヤラ・バレーを1日でまわる場合は、朝早くダンデノン丘陵に出かけて、その後ヤラ・バレーに移動してワイナリーでランチ、というコースがおすすめ。メルボルンからは、ヤラ・バレーやダンデノン丘陵を訪れるさまざまな日帰りツアーが出ているので、ツアーを利用するのもいいでしょう。またダンデノン丘陵のみであれば、メルボルンから公共交通機関を使って訪れることも可能です。

【アクセス】ヤラ・バレーへはメルボルンから車で約1時間。レンタカーもしくはツアーやシャトルサービス（P.148）を利用。ダンデノン丘陵へはメルボルンから車で約1時間。レンタカーが便利だが、公共交通機関を使って行くことも可能。ヤラ・バレーとダンデノン丘陵間の移動時間は、車で約30分。ヤラ・バレーとダンデノン丘陵を結ぶ公共交通機関はない。
公共交通機関を使ってダンデノン丘陵を訪れる場合、メルボルンのフリンダース・ストリート駅からベルグレーブ線の電車に乗り約1時間、アッパー・ファーンツリー・ガリー駅またはベルグレーブ駅で下車。アッパー・ファーンツリー・ガリー駅からは688番バス、ベルグレーブ駅からは蒸気機関車（P.115）や694番バスを利用して、ダンデノン丘陵を観光できる。路線バスは本数が少ないので事前にPTVのウェブサイト（P.183）で確認を（694番バスは日曜運休）

MAP＊P.106

Yarra Valley

【ヤラ・バレーMAP】

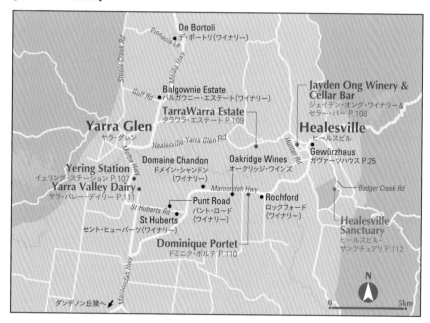

【ダンデノン丘陵MAP】

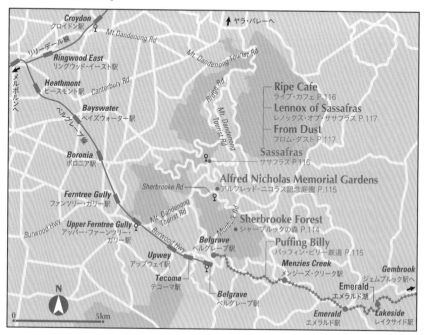

◎周辺MAPはP.12参照

Yering Station

イェリング・ステーション

歴史が息づくワイナリー

　今から約180年前、ヤラ・バレーにおけるワインの歴史がはじまったのが、ここイェリング・ステーションです。ほかのヤラ・バレーのワイナリーと同様、20世紀にはワインの生産が途絶えていた時期もありましたが、20世紀の終わりに再びワイナリーとして復活。今ではヤラ・バレーのランドマーク的なワイナリーになっています。古い煉瓦づくりのセラー・ドアで歴史を感じながら上質のワインを試飲し、ガラス張りのモダンなレストランでは窓の外に広がる牧場と、山々の景色を見ながらおいしい料理に舌鼓を。ヤラ・バレーらしさを満喫できるワイナリーです。

38 Melba Hwy., Yarra Glen
☎03-9730-0100／https://www.yering.com
⊙セラー・ドア：10:00〜17:00
　（土日曜・祝日18:00）、12月25日休
⊙レストラン：12:00〜15:00、12月25日休
MAP＊P.106（ヤラ・バレーMAP）

上・創業当時、ワインの醸造が行われていた建物。現在はセラー・ドアとして利用されている。／左・セラー・ドアでの試飲は$10〜。ワインを購入すると試飲料金は返金される。

石材とガラスを使ったモダンな建物には、レストランや宴会場が入っている。

上・併設のレストランでは、素晴らしい景色を見ながらモダンな欧風創作料理が食べられる。／右・ランチは2皿$75、もしくは3皿$90のプリフィックス。

Jayden Ong Winery & Cellar Bar

ジェイデン・オング・ワイナリー＆セラー・バー

ヤラ・バレーに新風を吹き込む

　長年ヤラ・バレーにブドウ畑を持ちワインづくりを行っていた
ジェイデン・オング氏が2021年にオープンしたセラー・ドア＆バー。
ワイナリーのセラー・ドアというと、ブドウ畑の敷地内にあるのが一
般的ですが、ここはヒールスビルの町はずれにある倉庫のなかに
あります。ワインを製造する機器やワインの樽を貯蔵している広い
倉庫の一画に、まるでメルボルンのおしゃれなバーのような空間を
つくり出し、飲食を楽しめるようになっています。時折、メルボルン
の人気シェフとのコラボレーションでイベントを行ったりと、今まで
ヤラ・バレーにはなかったタイプのワイナリー。ブドウ畑は見えませ
んが、ワインも食事もおいしいので、ぜひ訪れてみて。

$20で5種のワインが試飲できる。
ワインを3本以上購入した場合は
試飲料が戻ってくる。

焼きナスを使ったディ
ップと新鮮な生野菜。
アラカルトで注文でき
るおつまみのほか、ステ
ーキなどのメイン料理
を含むセットメニュー
$68もある。

上・外観はなんの変哲もない倉庫だけれど、なかに入るとお
しゃれな空間が広がっている。／左・皮も一緒に漬けこんで
醸造されたフィアーノ種のワイン。白ワインでありながら、ほ
んのりオレンジ色をしている。／右・オーナーのオング氏は
ヤラ・バレーにブドウ畑を所有し、自らワインを醸造している。

8 Hunter Rd., Healesville
☎0487-888-866／https://jaydenong.com
🕐12:00〜21:00(日曜16:00)、月〜木曜休
MAP＊P.106(ヤラ・バレーMAP)

セラー・ドア内では、オリーブと
ナッツのセットやチーズなどの
おつまみも注文できる。

TarraWarra Estate

タラワラ・エステート

デッキからはブドウ畑と周りの山々が一望できる。

丘に囲まれた隠れ家ワイナリー

　ヤラ・バレーでは平地にブドウ畑が広がってい
るワイナリーが多いのですが、タラワラ・エステー
トはまわりを丘に囲まれ、まるで隠れ里にやってた
ような気分が味わえるワイナリーです。自社畑の
ブドウのみを使ったエステート・シリーズのシャル
ドネやピノ・ノワールが人気ですが、特定の1区
画で栽培されたシラーズやメルローなど重厚感の
ある赤もおすすめ。地下に入っていくようなユニー
クなつくりのセラー・ドアや、丘の斜面に弧を描く
ように建てられたワイナリーの建物もとても素敵。
併設のレストランのほか、夏季にはまわりの丘を見
渡す屋外デッキでワインとともに軽食も楽しめます。

ここがセラー・ドアの入り口。セラー・ドアでの試飲は$20〜。

左・併設のレストランでの食事は、平日$100〜、週末$130の
コース料理のみ。／右・丘の斜面にブドウ畑が広がる。

311 Healesville-Yarra Glen Rd., Yarra Glen
☎03-5957-3511(セラー・ドア)／☎03-5957-3510(レストラン)
http://www.tarrawarra.com.au
⊘セラー・ドア：11:00〜17:00、月曜休／⊘レストラン：12:00〜15:00、月火曜休
MAP＊P.106(ヤラ・バレーMAP)

Yarra Valley

Dominique Portet

ドミニク・ポルテ

フレンチ・スタイルのロゼがおいしい

赤ワインのような芳醇な香り
と、すっきりしたドライな飲み
口のロゼ。

フランス・ボルドー地方出身のドミニク・ポルテ氏が2000年に設立したワイナリー。メルロー、カベルネ・ソーヴィニヨン、シラーズという3種のブドウを使ったドライなロゼは、私の大のお気に入り。赤ワインが好きな人には、ボルドーの代表的な品種カベルネ・ソーヴィニヨンもおすすめです。こぢんまりとしたセラー・ドアは、フランスの田舎を思わせる佇まいと、明るくて楽しい雰囲気がとても魅力的。併設の飲食エリアではチーズの盛り合わせやシャルキュトリーなど、カジュアルな食事がいただけます。天気のいい日には、屋外でブドウ畑をながめながらのランチを楽しんで。

870-872 Maroondah Hwy., Coldstream
☎03-5962-5760／https://www.dominiqueportet.com
🕐10:30〜17:00（ランチ11:00〜16:00）、祝日休
MAP＊P.106（ヤラ・バレーMAP）

昨今コース料理のみを提供するワイナリーが増えているなか、ここはアラカルトで注文できるので使い勝手がいい。

月〜水曜はシャルキュトリーなどのおつまみが、木〜日曜はおつまみのほかにビストロ風の料理も注文できる。

上・フレンチ・ドアの扉のついた蔦の絡まる建物が印象的なワイナリー。／左・セラー・ドアでの試飲は$15。ワイン・テイスティングつきのワイナリー見学ツアー$45もある。

Yarra Valley Dairy
ヤラ・バレー・デイリー

左・ウォッシュ系チーズを丸ごと焼いたもの$26。フォンデュのようにパンに絡めて食べる。／右・牛乳からつくったハーブ入りフレッシュチーズ（カード）とベーグルのセット$14。

チーズ工場の直営ショップ＆カフェ

　緑豊かな牧草地が広がるヤラ・バレーでは、酪農業も盛んです。ヤラ・バレー・デイリーは、ヤラ・バレーを代表するチーズ・メーカー。工場見学はできませんが、工場併設の直営ショップでチーズを購入したり、カフェでチーズの盛り合わせやチーズトーストなどの軽食をとることができます。山羊チーズが好きなら、フレデリックス（Fredericks）というチーズを食べてみて。切るとなかから熟成したチーズがとろ～っと出てきて、チーズ好きにはたまりません。クセのあるチーズが苦手な方はカード（Curd）というフレッシュなチーズをパンなどと一緒にどうぞ。ヨーグルトのような酸味があり、とても食べやすいチーズです。

築100年の搾乳小屋が直営ショップになっている。

チーズ売り場では、$5で4種のチーズを味見することができる。

白カビ系などのソフトチーズ（手前）や、カードと呼ばれるフレッシュチーズ（奥）の種類が豊富。

70-80 McMeikans Rd., Yering
☎03-9739-1222／https://yvd.com.au
🕙10:30～17:00（カフェ16:00）、12月25・26日休
MAP＊P.106（ヤラ・バレーMAP）

Healesville Sanctuary

ヒールスビル・サンクチュアリ

自然のなかで動物たちと触れ合える

オーストラリア固有の動物ばかりを集めた自然のなかの動物園。ワラビーの保護区内には人間と動物の間を隔てる柵がなくすぐ近くまでかわいいワラビーがやってきたり、コアラの保護区ではボードウォークを歩きながらコアラたちを観察できたりと、ユーカリの森のなか、自然の環境に近い状態で動物たちと触れ合えるのが魅力です。コアラやエキドナ（ハリモグラ）と間近に触れ合うことができる有料のアトラクションのほか、無料で行われるタカやフクロウといった猛禽類のショーもあるので、あらかじめショーの開催時間をチェックして出かけるといいでしょう。

上・ユーカリのさわやかな香りに包まれた園内。鳥のさえずりを聞きながらののんびりと散策したい。／左・ワラビーやカンガルーと至近距離で触れ合うことができる。

Badger Creek Rd., Healesville
☎1300-966-784／https://www.zoo.org.au/healesville
🕘9:00〜17:00（各動物の保護区は16:30に閉鎖）、無休
【入園料】$46／MAP＊P.106（ヤラ・バレーMAP）
【アクセス】メルボルンの中心部から車で約1時間。レンタカーの利用が便利だが、週末は公共交通機関を使って行くことも可能。フリンダース・ストリート駅からリリーデール線の電車に乗り、Lilydale下車。685番バスに乗り換えてHealesville Sanctuaryで下車

オウムや猛禽類のショー「スピリッツ・オブ・ザ・スカイ」は、1日に2回行われている。

オーストラリアのめずらしい動物たち

200種以上もの
オーストラリア固有の動物が集まる
ヒールスビル・サンクチュアリ。
そのなかから、代表的な9種をご紹介。

カンガルー

オーストラリア全土に広く分布。草原などの平地に多く生息していて、郊外の牧草地などでもカンガルーの群れを見られる。

ワラビー

カンガルーを小型にしたような動物。平地を好むカンガルーとは対照的に、岩場や起伏の多い山に多く生息している。

エキドナ

オーストラリアに広く分布するハリモグラの一種。地中のアリを主食とする。郊外の自然が多い場所でもよく見かけるかわいい動物。

コアラ

オーストラリア東部に分布。ビクトリア州にも多く生息する。ユーカリの葉を主食とし、主として夜行性のため、昼間はユーカリの木の上で寝ていることが多い。

ウォンバット

ずんぐりむっくりしたユーモラスな容姿が特徴的。植物の根や草を主食とする。ビクトリア州にも多く生息。夜行性で、日中は地面に掘った穴のなかに潜っている。

エミュー

オーストラリアのほぼ全域に生息するダチョウのような鳥。オーストラリアを代表する動物として、カンガルーとともにオーストラリアの国の紋章にも描かれている。

ライアバード
（コトドリ）

オーストラリアの10セント硬貨にも描かれている鳥。美しい尾羽を持ち、ほかの動物の鳴き声を真似ることで知られる。ダンデノン丘陵に多く生息する。

クッカバラ
（ワライカワセミ）

かわいらしい風貌だけれど、小動物を捕獲して食べる肉食の鳥。ビクトリア州にも多く生息している。人が大声で笑っているようなけたたましい鳴き声を持つ。

ディンゴ

オーストラリアの野生の犬。タスマニアをのぞくオーストラリアのほぼ全域に分布しているけれど、とくに内陸の砂漠地帯に多く見られる。小動物を捕獲して食べる。

ダンデノン丘陵で森林浴

　ダンデノン丘陵南東部に広がるシャーブ
ルックの森は、ユーカリやシダの木が生い茂
る広大な森林地帯。夏でもひんやりと涼しく、
新鮮な空気に満ちあふれ、ダンデノン丘陵の
ハイライトともいえるエリアです。シャーブ
ルックの森沿いを走る蒸気機関車に乗ったり、
森のなかの庭園を散策したり、自然のなかで
森林浴を思いっきり楽しんでみて！

　車で訪れる場合は、ベルグレーブからサ
サフラスの町まで、森のなかをドライブする
ルートがおすすめ。このルートは、路線バス
694番も運行しています。またメルボルンから
は蒸気機関車とヒールスビル・サンクチュア
リを組み合わせたツアーも出ています。

「マウンテン・アッシュ（ユーカリの一種）の巨木が生い茂るシャーブルックの森。

Alfred Nicholas Memorial Gardens

アルフレッド・ニコラス記念庭園

庭園の入り口。車で訪れる場合はこの門の向かい側にある駐車場を利用して。

森のなかにつくられた美しい庭園

第二次世界大戦前、アスピリンのビジネスで成功を収めたアルフレッド・ニコラス氏が、英国のキューガーデンから専門家を招いて造園しました。シャーブルックの森の雰囲気をしっかりと残しながら外来種の植物や石垣が配置されていて、とくに庭園のいちばん奥にある湖の周辺は、息をのむ美しさです。

庭園の入り口から湖までは片道700mほど。とても美しい湖なので、ぜひここまで歩いてみてほしい。

Sherbrooke Rd., Sherbrooke／⊙10:00〜17:00、12月25日休
【入園料】無料／MAP＊P.106（ダンデノン丘陵MAP）
【アクセス】メルボルンから車で約1時間。またはメルボルンからベルグレーブ線の電車に乗り約1時間、ベルグレーブ駅で下車。ベルグレーブ駅から694番バスに乗り6分、Nobles Lane/Sherbrooke Rd.で下車。694番バスは非常に本数が少ないので事前に事前にPTVのウェブサイト（P.183）で確認を（日曜運休）

Puffing Billy

パッフィン・ビリー鉄道

1日2〜6往復運行。ほとんどの便がレイクサイドまでの往復となる。

レトロな蒸気機関車

どこまで乗る？

　パッフィン・ビリー鉄道は、ダンデノン丘陵の麓の町ベルグレーブからレイクサイドを経由しジェムブルックまで走る蒸気機関車です。昔ながらのレトロな車両に乗って、シャーブルックの森を駆け抜けたり、木製の橋を渡ったり、牧草地のなかを走ったり。大人にも子どもにも大人気のアトラクションです。

　パッフィン・ビリーの乗車時間はレイクサイドまで片道1時間。現地で約2時間の自由時間があるので、ベルグレーブに帰着するまで合計4時間かかります。短時間の乗車で構わない場合は、週末のみですがメンジーズ・クリークまでの往復便も出ています。また、メルボルン発着のツアーのなかには、レイクサイドまでの片道だけパッフィン・ビリーに乗り、その後ツアーバスでヒールスビル・サンクチュアリーへ向かうものもあります。

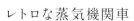

電車のベルグレーブ駅からパッフィン・ビリーの乗り場までは徒歩約3分。

1 Old Monbulk Rd., Belgrave
☎03-9757-0700／https://puffingbilly.com.au
【料金】ベルグレーブ〜レイクサイドまで往復$62。そのほかのチケット料金はウェブサイトで確認を。当日チケットはないので、事前にウェブサイトで購入すること
MAP＊P.106（ダンデノン丘陵MAP）

山間のかわいい村、
ササフラスへ

　ササフラス（Sassafras）は、ダンデノン丘陵のほぼ中央にあるかわいい村。端から端まで500mもないような小さな村ですが、素敵なカフェやブティックが並んでいるので、ドライブ途中にぜひ立ち寄ってみて。

【アクセス】メルボルンから車で約1時間。またはフリンダース・ストリート駅からベルグレーブ線の電車に乗り50分、アッパー・ファーンツリー・ガリー駅で下車。アッパー・ファーンツリー・ガリー駅から688番バスに乗り約15分、Prince St./Mt. Dandenong Tourist Rd.で下車
MAP＊P.106（ダンデノン丘陵MAP）

テラス席も店内もすてきなライブ・カフェ。

ドライブ途中に休憩を
Ripe Cafe ライブ・カフェ

　ササフラスにあるかわいいカフェ。店内には暖炉もあり、ダンデノン丘陵らしいカントリー・テイストのお店です。卵料理に放し飼いの鶏が生んだフリーレンジの卵が使われていたり、トーストにメルボルンの有名なパン屋のパンが使われていたりと、食材にこだわった料理がいただけます。ショーケースにはスイーツもたくさん。アップルシュトルーデルがとてもおいしくて、おすすめ！

376 Mount Dandenong Tourist Rd., Sassafras
☎03-9755-2100
https://www.ripecafesassafras.com
🕗8:00〜15:00（土日曜・祝日16:00）、12月25日休

カリッと焼いたトーストに、ふわふわのスクランブルエッグがたっぷりのせられた一品$17。

あたためたアップルシュトルーデルに、クリームとラズベリージャムを添えて$12。

森のなかのライフスタイルショップ

Lennox of Sassafras
レノックス・オブ・ササフラス

自社でつくっている商品も多く、写真のようなビーズのネックレスは$40ほどで手に入る。

ササフラスの商店街の端っこにある、センスのいいセレクトショップ。ネックレスやイヤリング、スカーフやマフラー、バッグや帽子、そしてクッションなどのインテリア雑貨まで、素敵な商品がいっぱい。あまりにたくさんありすぎて、何時間いても飽きません。

上・コテージ風のかわいい建物。町の端の目立たない場所にあるので見逃さないで!／右・女性の心をわしづかみにする、かわいいものがいっぱいで、あれこれ目移りしてしまう。

395 Mt Dandenong Tourist Rd., Sassafras
☎03-9755-3958
https://lennoxofsassafras.com.au
🕐11:00〜17:00、無休

ニット製品を
手に入れたい

編目模様が美しいオーストラリア産メリノウール100%のセーター$399。

From Dust
フロム・ダスト

自然素材の洋服やスカーフ、アクセサリーから自然派化粧品まで、さまざまなものがそろうブティックです。とくに品ぞろえが多いのは、ニット製品。オーストラリア産のメリノウールやアルパカを使ったセーターやマフラーなど、高品質のものが手に入ります。

Shop 2, 372 Mount Dandenong Tourist Rd., Sassafras
☎03-9755-2510／https://www.fromdust.com.au
🕐10:00〜17:00、祝日11:00〜16:00、12月25日休

落ち着いた色調の店頭ディスプレイ。ニット以外では、綿や麻を使った洋服が多い。

メルボルニアンに人気の遊び場
Mornington
モーニントン半島
Peninsula

　メルボルンの南東、ポート・フィリップ湾に沿って弧を描くように細長くのびるモーニントン半島は、メルボルニアンには「ペニンシュラ（＝半島）」の愛称で親しまれている人気の遊び場。メルボルンから気軽に訪れることができる場所として、週末やホリデーシーズンには多くの人たちが訪れます。

　三方を海で囲まれたモーニントン半島は、訪れるエリアによって全く異なった景観を楽しめるのが魅力。ポート・フィリップ湾側には、

透き通った海と美しいビーチが続き、ウェスタン・ポート湾側には、ひなびた田舎町が点在。荒波が打ち寄せるバス海峡側には、手つかずの大自然が残っています。

　一方、内陸の丘陵地帯には、ワイナリーやブドウ農園が広がっています。まわりを海に囲まれたモーニントン半島では、シャルドネやピノ・グリ、ピノ・ノワールといった冷涼な気候に適した品種のワインがとくに有名です。果物や野菜の栽培も盛んで、地元の食材をいかし

半島先端のポイント・ネピアン国立公園。ポート・フィリップ湾側の海は波もなくおだやか。

モーニントン半島内陸部の丘陵地帯には、ブドウ畑が広がっている。

【アクセス】メルボルンから車で半島北部まで約1時間、半島南部まで約1時間40分。公共交通機関を使って訪れる場合、フリンダース・ストリート駅からフランクストン線の電車に乗り約1時間、終点のフランクストン（Frankston）駅で下車。フランクストン駅から先へは、以下の路線バスを利用

◎781番バス：モーニントンを経由してドロマナまで（1時間に1本）
◎788番バス：ドロマナ、ソレントを経由して半島先端のポイント・ネピアン国立公園まで（平日30分に1本、週末30分～1時間に1本）
◎887番バス：ドロマナを経由してローズバッドまで（平日1時間に1本、週末2時間に1本）
※バスは本数が少なく非常に時間がかかるので、事前にPTVのウェブサイト（P.183）で確認を
※半島内陸のワイナリー地域へ行く路線バスはない。ワイナリーを訪れたい場合は、レンタカーやツアー、シャトルバス（P.148）を利用

MAP＊P.12、125

ポート・フィリップ湾側のビーチには、ベイジング・ボックスと呼ばれるカラフルな小屋が並んでいる。

 たおいしい料理を食べさせるワイナリーが多く、食通のメルボルニアンが日帰りで食事に訪れます。

　このほかにも天然温泉、ゴルフ、国立公園など、アトラクションがいっぱい。メルボルンからは車で1時間〜1時間半ほどなので日帰りでも十分楽しめますが、モーニントン半島の魅力を満喫したいなら、ワイナリー周辺や海辺の町に1泊してみてはいかが？　また、レンタカーとフェリーを使って、モーニントン半島とグレート・オーシャン・ロードをつなぐ旅（P.143）もおすすめです。

　モーニントン半島は公共交通機関があまり整っていないため、レンタカーで訪れるのがベストですが、車が運転できなくても大丈夫です。メルボルンからツアー（P.148）に参加するか、もしくはポート・フィリップ湾側の町であれば、メルボルンから電車とバスを乗り継いで訪れることも可能です。

Pt. Leo Estate

ポイント・レオ・エステート

彫刻公園がある話題のワイナリー

左・ガラス張りのセラー・ドアとレストランからは、ブドウ畑と彫刻公園と海が一望できる。／下・ピノ・グリ、シャルドネ、ピノ・ノワール、シラーズの4種のブドウが栽培されている。

上・ローラでは、地元の食材をふんだんに使ったコース料理$165〜が提供される。／下・ポイント・レオ・レストランでは、前菜、メイン、デザートからプリフィックスで2皿$95（平日のみ）もしくは3皿$125を選ぶことができる。

オーストラリア屈指の大富豪の別荘として長年使われていたブドウ農園に、巨額の投資をしてセラー・ドアとレストランが建設され、2017年に一般公開されるようになった注目のワイナリー。ガラス張りの建物のなかには「ローラ」「ポイント・レオ・レストラン」「ワイン・テラス」という3つの飲食エリアがあり、美しい景色をながめながらワインとともに食事を楽しむことができます。また、広大な敷地内には、オーナーが長年かけてコレクションした彫刻が点在。海とブドウ畑をバックに、彫刻作品を鑑賞できる公園になっています。

3649 Frankston-Flinders Rd., Merricks
☎03-5989-9011／https://www.ptleoestate.com.au
セラー・ドア◎11:00〜17:00（金土曜深夜）、無休
ワイン・テラス◎金〜月曜12:00〜14:30*、火〜木曜休（12月下旬〜1月中旬は無休）、
ポイント・レオ・レストラン◎月〜日曜12:00〜14:30*、金〜日曜18:00〜20:30*、無休
ローラ◎木〜月曜12:00〜13:30*、土曜18:00〜19:30*、火水曜休
彫刻公園◎11:00〜17:00（最終入園16:30）、無休
【入園料】彫刻公園$10／MAP＊P.125

＊最終入店時間

Ten Minutes by Tractor

テン・ミニッツ・バイ・トラクター

上・10Xシリーズは樽熟
成の期間が比較的短く、
飲みやすいワイン。／右・
とても小さなレストランな
ので、予約は必須。

最高においしいワインと料理を

　ワインのおいしさに定評のあるブティックワ
イナリー。収穫されたブドウの特徴を引き出
すため、可能な限り手を加えず伝統的な手法
にこだわったワインづくりが行われています。
「トラクターで10分」というユニークな名前は、
保有する3つのブドウ畑を行き来するのにト
ラクターで10分かかることに由来しているの
だとか。ワイン同様、併設のレストランの料理
も超一流。盛りつけも芸術作品のように美し
く、味覚とともに視覚でも楽しませてくれます。
また2023年にはワインバーもオープンし、ワイ
ンと軽食を楽しむことができるようになりました。

1333 Mornington Flinders Rd., Main Ridge
☎03-5989-6455／https://www.tenminutesbytractor.com.au
セラードア ⊘ 11:00〜17:00（日曜18:00）
ワインバー ⊘ 11:00〜深夜（日曜18:00）、月〜木曜休
レストラン ⊘ 12:00〜13:45*、18:30〜20:15*、
　木日曜12:00〜14:15*、月〜水曜休
ともに1月1日・聖金曜日・12月25・26日休
MAP＊P.125

＊最終入店時間

上・ワイナリーのトレー
ドマークにもなっている
アンティークのトラクタ
ー。／左・レストランの
窓の外にはブドウ畑が
広がっている。

レストランでは地元の
食材を利用した5皿の
コース料理$175が提
供される。

Mornington Peninsula

Foxeys Hangout

フォクシーズ・ハングアウト

予約はできないので、待たずに
席を確保したいなら早めの時
間に訪れて。

オーナーの顔が見える粋なワイナリー

屋外のデッキ席も人気。

カジュアルで、明るくて、食事も
ワインもおいしいフォクシーズ・ハ
ングアウトは、私の大のお気に入り。
このワイナリーではオーナーのマイ
ケル＆トニー兄弟自らがブドウを育
ててワインをつくり、セラー・ドアで
はトニーさんがキッチンに立ち、料
理の腕を振るっています。トニーさ
んのつくるタパス風の小皿料理は
ひと皿$15ですが、おまかせでオー
ダーすると、ひとり$42でデザート
以外の全種類の料理を少しずつ
食べることができます。

　農薬や化学肥料を使わないバ
イオダイナミック農法でブドウ栽培
が行われていて、このワイナリーで
つくられたワインは、数々のワイン・
ショーで賞を獲得しています。

左・ある日のおまかせ
メニューから。あぶり
サーモンに味噌マヨ
のソースを添えたも
の。／右・マッシュル
ームのフィリングを
パイ皮で包んだもの。

トニーさんの料理は、シン
プルながら素材の味をい
かしたワインに合う料理。

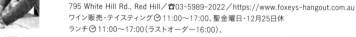

795 White Hill Rd., Red Hill／☎03-5989-2022／https://www.foxeys-hangout.com.au
ワイン販売・テイスティング 🕚11:00〜17:00、聖金曜日・12月25日休
ランチ 🕚11:00〜17:00（ラストオーダー16:00）、
　火〜木曜休（ただし祝日・12月下旬〜1月下旬は営業）、聖金曜日・12月25日休
MAP＊P.125

Port Phillip Estate

ポート・フィリップ・エステート

ワイナリーへの入り口。建物自体がまるでモダン・アートのよう。

ブドウ畑と海を望める絶景ワイナリー

上・セラー・ドアとレストランからは、ブドウ畑とウェスタン・ポート湾が一望できる。／右・セラードアでは、通常のテイスティング$10のほか、チーズとともに$30でワインのテイスティングをすることもできる。

サンドストーンとガラスと木材を使ったまるで美術館のような美しいワイナリー。窓の外にはブドウ畑とウェスタン・ポート湾の景色が広がります。ブドウが栽培された場所によって3つのレーベルがあり、そのなかでもさらに細かく畑の区画ごとに分けたワインづくりが行われているため、ピノ・ノワールだけでも9種類ものワインが存在します。同じピノ・ノワールでも、育った土壌や日当たりによって味、香り、渋みが違い、値段もピンからキリまで。試飲してお気に入りのワインを見つけてみてはいかが？ ワイナリー内には、1泊$420〜のラグジュアリーな宿泊施設もあります。

263 Red Hill Rd., Red Hill South
☎03-5989-4444／https://www.portphillipestate.com.au
セラー・ドア🕐11:00〜17:00、火曜休
レストラン🕐12:00〜、金土曜12:00〜、18:30〜、月火曜休
MAP＊P.125

上・キング・サーモンとビクトリア州産アスパラガスを使った前菜。／右・レストランは3皿$100のコース料理のみ。ブドウ畑の景色を見ながら食事ができる。

左・季節ごとに変わる小皿料理は1品$16〜20。肉や魚の大皿料理は1品$45〜50。
右・サワードウのパンをトーストして、グリルした鰯とプリザーブド・レモンをのせたおつまみ各$6。

Rare Hare

レア・ヘア

カジュアルでおいしいランチが魅力

長テーブルと長椅子が並ぶカジュアルなレストラン。窓の
外にはブドウ畑が広がる。

敷地内には、ジャッカロープ(Jackalope)というラグジュ
アリーな宿泊施設もある。

　ブドウ畑を見ながらカジュアルな食事ができるレストランが人気のワイナリー。レストランのメニューは、おつまみや小皿料理、大皿料理といったシェアして食べるものが主流です。刺身を洋風にアレンジした創作料理や、野菜を使った前菜風の料理など、どの料理もていねいにつくられていて、何を頼んでもハズレがありません。季節にかかわらず毎日営業しているのもうれしいポイント。人気のレストランなので、週末やホリデー時期は予約を入れてから訪れることをおすすめします。レストランの入り口にはセラー・ドアがあり、ワインの試飲もできます。

166 Balnarring Rd., Merricks North
☎03-5931-2500／https://rarehare.com.au
セラー・ドア🕐 11:00〜17:00、無休
レストラン🕐 12:00〜15:00、金土曜18:00〜21:00、無休
MAP＊P.125

Lindenderry

リンデンデリー

ブドウ畑のなかのロマンチックな宿

モーニントン半島のワイナリー地区にあるブティックホテル。ユーカリの木が茂る森のなかにあり、敷地内には美しく手入れされたブドウ畑が広がっています。ロビーや客室の内装もセンスがよく、落ち着いた大人の雰囲気。ロマンチックな時を過ごしたい人におすすめの宿です。

レストランや屋内プール、といった設備も整っている。

カントリースタイルでありながら、モダンでスタイリッシュな内装の客室。

142 Arthurs Seat Rd., Red Hill／☎03-5989-2933
https://lancemore.com.au/properties/lancemore-lindenderry-red-hill
🧳 一室$375〜、朝食込／全40室／MAP＊P.125

【モーニトン半島ワイナリーMAP】

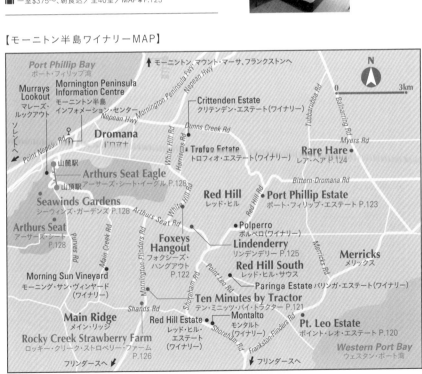

Port Phillip Bay
ポート・フィリップ湾

↑モーニントン、マウント・マーサ、フランクストンへ

Murrays Lookout
マレーズ・ルックアウト

Mornington Peninsula Information Centre
モーニントン半島インフォメーション・センター

Nepean Hwy

Mornington Peninsula Fwy

Nepean Hwy

Crittenden Estate
クリテンデン・エステート（ワイナリー）

Dunns Creek Rd

White Hill Rd

Harrisons Rd

Dromana
ドロマナ

山麓駅

Trofeo Estate
トロフィオ・エステート（ワイナリー）

Tubbarubba Rd

Balnarring Rd

0　　　3km

N

Myers Rd

Rare Hare
レア・ヘア P.124

Arthurs Seat Eagle
山頂駅アーサーズ・シート・イーグル P.128

Seawinds Gardens
シーウィンズ・ガーデンズ P.128

Arthurs Seat
アーサーズ・シート P.128

Bittern-Dromana Rd

Red Hill
レッド・ヒル

Port Phillip Estate
ポート・フィリップ・エステート P.123

Arthurs Seat Rd

White Hill Rd

Purves Rd

Main Creek Rd

Mornington-Flinders Rd

Polperro
ポルペロ（ワイナリー）

Foxeys Hangout
フォクシーズ・ハングアウト P.122

Lindenderry
リンデンデリー P.125

Red Hill South
レッド・ヒル・サウス

Merricks Rd

Merricks
メリックス

Morning Sun Vineyard
モーニング・サン・ヴィンヤード（ワイナリー）

Point Leo Rd

Paringa Estate パリンガ・エステート（ワイナリー）

Shoreham Rd

Shands Rd

Ten Minutes by Tractor
テン・ミニッツ・バイ・トラクター P.121

Main Ridge
メイン・リッジ

Rocky Creek Strawberry Farm
ロッキー・クリーク・ストロベリー・ファーム P.126

フリンダースへ

Red Hill Estate
レッド・ヒル・エステート（ワイナリー）

Montalto
モンタルト（ワイナリー）

Shoreham Rd

Frankston-Flinders Rd

Pt. Leo Estate
ポイント・レオ・エステート P.120

Western Port Bay
ウェスタン・ポート湾

フリンダースへ

◎周辺MAPはP.12参照

Rocky Creek Strawberry Farm

ロッキー・クリーク・ストロベリー・ファーム

イチゴ狩りもできる農園ショップ

イチゴ狩りは、大人ひとり$12で、500g
までイチゴを摘むことができる。

ワイナリーが点在するメイン・リッジに
あるイチゴ農園。併設されたショップでは、
摘みたてのイチゴや絶品イチゴジャム、フ
リーズドライのイチゴをチョコレートでコー
ティングしたお菓子などが売られています。
またショップ内のカフェで食べられるイチ
ゴのパフェやアイスクリームも人気。11月
中旬から4月までのイチゴのシーズンには
イチゴ狩りもできるとあって、多くの観光
客が訪れます。

農園の直売所で
旬の野菜や果物を

　モーニントン半島は、果物や野菜の栽培が
盛んな場所。ワイナリーエリアには、イチゴの
ほかリンゴやチェリー、アボカドなどの農園が
あり、収穫時期になると直売所や無人販売の
スタンドがオープンします。道に看板がでてい
るので、見かけたらぜひ立ち寄ってみて。

左・ショップではジャムやお菓子のほか、モーニントン
半島の蜂蜜も買うことができる。／右・上質のイチゴジ
ャム$8.95はおみやげにも◎。

244 Shands Rd., Main Ridge
☎03-5955-3500／https://rockycreek.com.au
⊙5〜10月11:00〜16:00、月〜木曜休、
　11〜4月10:00〜17:00、無休
※イチゴ狩りは11〜4月のみ
MAP＊P.125

リンゴやアボカドなどは
ほとんどが無人販売。
集金箱にお金を入れて
買う、という信頼に基づ
いたシステム。

St. Andrews Beach Brewery

セント・アンドリュース・ビーチ・ブリュワリー

屋外のビアガーデンが人気。かつて馬の厩舎だった場所を利用した屋根つきのエリアもある。

馬の訓練施設がビール醸造所に

かつて競走馬の訓練施設だった広大な場所につくられたクラフトビール醸造所。開放的なビアガーデンがあり、飲食が楽しめるようになっています。ビールはテイスティング・パドル$20を注文すると、「The Strapper」「The Apprentice」「Box 54」「6 Furlongs」という4種のビールを飲みくらべることができます。柑橘類のようなさわやかさとまろやかな香りが特徴の「The Apprentice」とパイナップルのようなトロピカルな香りがする「Box 54」がとくにお気に入り。敷地内で栽培しているリンゴでつくられたアップル・サイダーもおすすめです。

160 Sandy Rd., Fingal
☎0401 099 717
https://standrewsbeachbrewery.com.au
⊘11:00〜21:00、聖金曜日・12月25日休
MAP＊P.12［C-1］
【アクセス】メルボルンから車で約1時間15分

左から／数々の名馬がここで調教された。馬が走るトラックだった場所にはリンゴの木が植えられている。／ビールや料理は屋内のバーカウンターで注文を。モーニントン半島のワインも飲むことができる。／ピザやハンバーガー、チキンウィングなど、ビアガーデンらしいカジュアルなランチが食べられる。

マレーズ・ルックアウトからの景色。晴れた日はメルボルンのシティまで見える。

Arthurs Seat
アーサーズ・シート

山頂からポート・フィリップ湾を一望

アーサーズ・シートは、ワイナリー地区の西にある標高305mの山。標高は低いのですが、頂上付近からは、ポート・フィリップ湾を一望する素晴らしい景色が楽しめます。おすすめの展望スポットは、山頂にあるシーウィンズ・ガーデンズという庭園内の展望台と、ドロマナの町から車で頂上へ上がる途中にあるマレーズ・ルックアウト。アーサーズ・シートの山麓から山頂まではアーサーズ・シート・イーグルというゴンドラも運行していて、このゴンドラからも景色を堪能できます。

山頂のシーウィンズ・ガーデンズにはバーベキュー設備もあり、ピクニックも楽しめる。

Seawinds Gardens
シーウィンズ・ガーデンズ

Purves Rd., Arthurs Seat
🕐4〜10月6:00〜18:00、11〜3月6:00〜21:00、無休
【入園料】無料／MAP＊P.125

Arthurs Seat Eagle
アーサーズ・シート・イーグル

☎03-5987-0600／https://aseagle.com.au
🕐10:00〜16:00(土日曜17:00)、無休
※季節によって運行時間が変わることもある。また、メンテナンスのため運休することもあるので、ウェブサイトで確認を
【料金】片道$23、往復$31／MAP＊P.125
【アクセス】フランクストン駅から887番バスに乗り約30分、もしくは788番バスに乗り約55分、Visitor Information/Point Nepean Rd (Dromana)で下車。ゴンドラの山麓駅まで徒歩約15分。山頂へはゴンドラで約15分

車で山頂まで行き、山頂駅から往復乗ってもOK。山頂からはワイナリー地区も近い。

モーニントン半島内陸部に、人気の温泉施設「ペニンシュラ・ホット・スプリングス」があります。日本の温泉とその温泉効果に魅せられて、オーストラリアにも温泉をつくることを決意したという創始者のチャールズ・デビッドソン氏。モーニントン半島に源泉があることを知ってから温泉の開業にこぎつけるまで、なんと8年もの月日がかかったのだとか。2005年に開業以来、次々と拡張を続けていて、バス・ハウスと呼ばれる入浴施設では、露天風呂やハマム（トルコ式スチームバス）など、さまざまな温泉が楽しめるようになっています。また、スパ・トリートメントやマッサージなどの施術を受けることができるスパ・ドリーミング・センターでは、プライベートの湯船も設置されています。

日本の温泉に触発されてでき上った温泉施設ですが、日本の温泉の枠だけにとらわれず、世界の温泉文化を取り入れたペニンシュラ・ホット・スプリングスは、まさに温泉のマルチカルチャリズム。友達同士や家族連れでリラックスしながら楽しめる、ユニークな温泉施設です。とても人気が高いので、予約必須です。

さまざまなスパ・トリートメントやマッサージが受けられる。要予約。

モーニントン半島の

天然温泉

水着を着用し、広い敷地内にある温泉めぐりをするので、ビーチサンダルを持参すると便利。

モーニントン半島に1泊して、夜や早朝に利用するのもおすすめ。

Peninsula Hot Springs
ペニンシュラ・ホット・スプリングス

140 Springs La., Fingal
☎03-5950-8777／https://www.peninsulahotsprings.com
バス・ハウス🕐5:00〜23:00、12月25日休
スパ・ドリーミング・センター🕐8:00〜23:00（深夜22:00〜2:00に入浴するMoonlit Bathingというコースもあり）、12月25日休
【料金】バス・ハウス滞在時間1時間まで$35、滞在時間無制限$70
ロッカーやバスタオルなどは別料金。そのほかの料金はウェブサイトで確認を
MAP＊P.12［C-1］
【アクセス】メルボルンから車で約1時間15分。メルボルン発着のツアーを利用して訪れることも可能

ソレントは街歩きと大自然の両方が楽しめる場所。ぜひ1泊してほしい。

ソレント
Sorrento

洗練された海辺のリゾート地

　モーニントン半島の先端近くにあるソレント
は、モーニントン半島でもっとも美しい町。海沿
いには白い砂浜が続き、町の中心にはかわいい
カフェやブティックが並んでいます。古くから富
裕層のリゾート地として栄えていたため、美しい
石づくりの建物や目を見張るような豪邸も多く、
高級感が漂いながらも高層のリゾートホテルな
どはなく、のんびりとした田舎の風情が残る素
敵な町です。

　モーニントン半島は、ソレントのあたりまで来
ると陸地の幅が非常にせまくなっているため、ポ
ート・フィリップ湾側のフロント・ビーチからバ

ス海峡側のオーシャン・ビーチまでの距離は、
わずか1.6kmほど。おだやかな遠浅の海が広
がるフロント・ビーチと、荒波が打ち寄せるオー
シャン・ビーチという対照的なふたつの海を同
時に楽しむことができるのも魅力です。

　またソレントからは、ポート・フィリップ湾の
対岸にあるクイーンズクリフまで、フェリーも運
航しています。このフェリーは車の搭載もできる
ので、レンタカーとフェリーを使い、モーニント
ン半島からクイーンズクリフに渡り、ベラリン半
島やグレート・オーシャン・ロード方面へ向か
うことも可能です（P.143）。

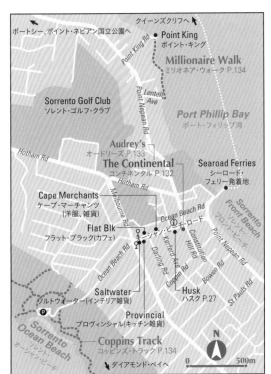

ボートシー、ポイント・ネビアン国立公園へ

クイーンズクリフへ

● Point King
ポイント・キング

Millionaire Walk
ミリオネア・ウォーク P.134

Point King Rd

Lentell Ave

Point Nepean Rd

Sorrento Golf Club
ソレント・ゴルフ・クラブ

Port Phillip Bay
ポート・フィリップ湾

Hotham Rd

Audrey's
オードリーズ P.133

The Continental
コンチネンタル P.132

Hotham Rd

Searoad Ferries
シーロード・
フェリー発着地

Sorrento Front Beach
ソレント・フロント・ビーチ

Cape Merchants
ケープ・マーチャンツ
(洋服、雑貨)

Melbourne Rd

Ocean Beach Rd

Flat Blk
フラット・ブラック(カフェ)

オーシャン・ビーチ・ロード

Constitution Hill Rd

Point Nepean Rd

Ocean Beach Rd

Kerferd Ave

Darling Rd

Coppin Rd

Bowen Rd

St Pauls Rd

Husk P.27
ハスク

Saltwater
ソルトウォーター(インテリア雑貨)

Provincial
プロヴィンシャル(キッチン雑貨)

Sorrento Ocean Beach
ソレント・オーシャン・ビーチ

P

Coppins Track
コッピンズ・トラック P.134

↙ダイアモンド・ベイへ

N

0   500m

リゾート感あふれる洋服や小物がそろう「ケープ・マーチャンツ」。

【アクセス】メルボルンから車で約1時間30分。公共交通機関を使って訪れる場合、メルボルンのフリンダース・ストリート駅からフランクストン線の電車に乗り約1時間、終点のフランクストン駅で下車。フランクストン駅から788番バスに乗り約1時間30分、Melbourne Rd./Ocean Beach Rd.で下車

かわいいカフェ「フラット・ブラック」。ジャム入りのココナッツスライス$6やマフィンなど自家製のスイーツも。

インテリア用品やホームウェアなどが手に入る「ソルトウォーター」。

テーブルウェアやキッチン用品がそろう「プロヴィンシャル」。

The Continental

コンチネンタル

19世紀に建てられた石づくりの建物をそのまま残し、その奥に低層の客室棟が新設された。

気品あるリゾートホテル

上から／プレミアム・ツイン・ルームは、29㎡と十分な広さ。テラスもついている。／通りに面したビアガーデンでは、チキンパルミジャーナやフィッシュ＆チップスといった典型的なパブごはんやピザが食べられる。

リゾート感あふれるプールエリアからは、ポート・フィリップ湾が一望できる。

　145年間、"ザ・コンチ"の愛称で親しまれてきた石づくりのホテル（パブ）が、2022年にラグジュアリーなリゾートホテルとして生まれ変わりました。ホテル内には、ファインダイニングの「オードリーズ」（P.133）をはじめ、さまざまな飲食スペースがあり、通りに面した1階はパブやビア・ガーデンといったカジュアルな飲食スペースが並び、いつも多くの人でにぎわっています。

　新しく生まれ変わったザ・コンチネンタルの宿泊施設を運営しているのは、インターコンチネンタルホテル。偶然にも、同じ名前を持つホテルグループが運営することになりました。美しい町ソレントで、リゾート気分を味わってみてはいかがでしょうか。

1-21 Ocean Beach Rd., Sorrento
☎03-5935-1200／https://thecontinentalsorrento.com.au
🛏 一室$365〜、朝食込／全108室／MAP＊P.131
※各飲食店の営業時間はウェブサイトで確認を

Audrey's

オードリーズ

美しいピンク色のデザート
「ヴァシュラン」は、ルバーブ
を使っているので酸味がある。

魚介のおつまみの盛り合わせ。薄くスライスしたアワビを串に刺して、さっとあぶったものが香ばしくておいしい。

目にも舌にもおいしいシーフード料理

太陽の光がたっぷりと差し込む明るい店内。土曜のディナーと日曜の
ランチ以外はアラカルトも可。

左・角切りにしたマグロの刺身と酢漬けの大根をあえて、ダシでつくった
ゼリーをかぶせたもの。繊細な味で見た目も美しい。／右・キング・ジョ
ージ・ワイティング（キスの一種）使ったメインディッシュは、まろやかな
ソースとの相性が抜群。

オードリーズはコンチネンタルのなか
にあるファインダイニングのレストラン。
メルボルンの人気シェフ、スコット・ピ
ケッツ氏が料理ディレクターを務めてい
ます。このお店の売りはシーフードのコ
ース料理＄170〜（追加料金で、肉料
理をコースに加えることも可能）。どの料
理も繊細な味付けと盛り付けで、目と舌
を楽しませてくれます。リゾート地らしく
リラックスした雰囲気なのも◎。味、雰
囲気、サービスと三拍子そろったおす
すめのレストランです。

☎03-5935-1200
https://thecontinentalsorrento.com.au/audreys
🕐 12:00〜15:00、18:00〜23:00、
　　水曜18:00〜23:00、日曜12:00〜15:00、月火曜休

Millionaire Walk

ミリオネア・ウォーク

豪邸が並ぶ海辺の散歩道

　ソレントは、富裕層の別荘地として知られる町。ポート・フィリップ湾沿いの崖の上には、目を見張るほどゴージャスな別荘が並んでいます。ミリオネア・ウォークは、そんな別荘が並ぶ崖の上にある片道約600mの散歩道。美しいポート・フィリップ湾と別荘をながめながら、しばし浮世離れした世界を味わってみては？

上・遊歩道からの美しい景色。海にのびる桟橋は、各別荘が所有するプライベートの桟橋。／右・平坦な道なので、誰でも気軽に歩くことができる。

【アクセス】ソレントの町の中心から遊歩道の起点となるポイント・キングまでは約2km。車で約5分、もしくは徒歩約30分　MAP＊P.131

Coppins Track

コッピンズ・トラック

心が洗われる絶景ウォーク

　ソレント・オーシャン・ビーチから続くコッピンズ・トラックは、手つかずの大自然が味わえる遊歩道。バス海峡側沿岸には延々と遊歩道が続いているので、好きなだけ歩いて戻ってくればOK。少し歩くだけでも十分に楽しめます。荒々しい海岸線が続く景色に、きっと心を打たれるはず。

上・バス海峡側沿岸に、荒波に浸食された海岸線が続く。／右・同じソレントでも、ポート・フィリップ湾側とは全く違った景観が楽しめる。

駐車場から車道を少し戻ったところにあるサインに従って、ダイアモンド・ベイ方面へ歩こう。

【アクセス】ソレントの町の中心からソレント・オーシャン・ビーチの駐車場までは約1.5km。車で約3分、もしくは徒歩約20分　MAP＊P.131

Point Nepean National Park

ポイント・ネピアン国立公園

半島の先端付近。陸地の南側（写真右）が荒波のバス海峡、北側（写真左）がおだやかなポート・フィリップ湾。

360度の美景が広がる半島の先っぽへ

　モーニントン半島先端部にある広大な公園。いちばんの見どころは、半島最先端部のフォート・ネピアンと呼ばれるエリアです。バス海峡とポート・フィリップ湾、そして対岸のベラリン半島を一望することができ、360度の絶景を満喫することができます。また、古い大砲や砦の跡など歴史的な建造物も残っていて、散策も楽しめます。広大な公園内にはいくつものハイキングコースや展望スポット、美しいビーチ、19世紀の検疫所跡（クアランティン・ステーション）などもあり、見どころ、遊び場が満載です。

3880 Point Nepean Rd., Portsea
☎13-1963（ビクトリア州公園管理事務所）
https://www.parks.vic.gov.au/places-to-see/parks/point-nepean-national-park
◯公園：終日、無料
◯公園内インフォメーション・センター：
　10:00〜17:00、12月25日休
【入園料】無料 ※公園内のシャトルバスは1日$12、乗り放題
MAP＊P.12[C-1]
【アクセス】メルボルンから車で約1時間40分、もしくはフランクストン駅から788番バスで約1時間40分。公園内の車の乗り入れは検疫所跡もしくはガンナーズ・コテージまで。そこから先は徒歩かシャトルバスを利用。ほとんどのシャトルバスは検疫所跡発着で、ガンナーズ・コテージを経由して半島先端まで運行。公園入り口から発着する便は1日数便だけなので、公共交通機関を使って訪れる場合はあらかじめシャトルバスの時刻表をウェブサイトで確認しておくこと

手つかずの自然が残る国立公園内では、エキドナ（ハリモグラ）に出会えることも。

国立公園のポート・フィリップ湾側には美しいビーチが続く。

世界でもっとも美しい絶景ドライブへ

Great Ocean
グレート・オーシャン・ロード
Road

断崖絶壁と奇岩群が続くシップレック・コースト。空からの観光も可能（P.141）。

ビクトリア州南西部の海沿いに続くグレート・オーシャン・ロードは、世界でもっとも美しい海岸道路のひとつとして知られています。絶景ドライブのスタート地点となるトーキーから中間地点のオトウェイ岬まではサーフ・コーストと呼ばれ、複雑な海岸線に沿ってカーブした道が続きます。けわしい崖があったかと思えば、川が海に流れ込むおだやかな景観があらわれたり、美しいビーチが広がっていたりと景色の変化が楽しめる区間です。

中間地点のオトウェイ岬を越えると、景色は一転。ここから先は、シップレック・コーストと呼ばれ、垂直に切り立った断崖絶壁が続きます。海岸線の名前になっている「シップレック」とは難破という意味。19世紀に多くの船がこの沿岸で難破したことから、この名前がつけられました。このあたりには、荒波と雨風により浸食されてでき上がった壮大な奇岩群が見られます。そのなかでももっとも有名なのが、十二使徒。数々の

奇岩が海からそびえ立つ景観は、息を呑む美しさです。

グレート・オーシャン・ロードはウォーナンブールという町の手前まで続きますが、有名な奇岩群はポート・キャンベル周辺に集まっているので、奇岩群の観光を終えたらポート・キャンベルから内陸に入り、メルボルンに戻るといいでしょう。メルボルンからこのルートでグレート・オーシャン・ロードを走り、メルボルンに戻るまでの全走行距離は、約530km。道路はきちんと整備されていますが、沿岸部はカーブも多いため、意外と時間がかかります。レンタカーで訪れる場合は、途中で1泊することをおすすめします。メルボルンから日帰りツアーも出ているので、車の運転ができない場合や、長距離運転が不安な場合は、ツアーを利用するといいでしょう。

【アクセス】レンタカーもしくはツアー（P.148）を利用

■Great Ocean Road Regional Tourism
https://visitgreatoceanroad.org.au

【グレート・オーシャン・ロードMAP】

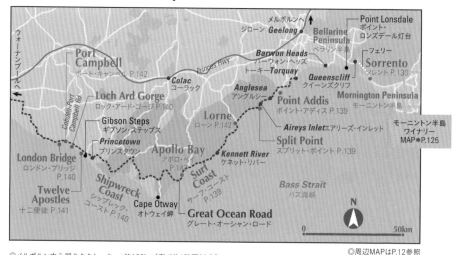

◎メルボルン中心部 ▷▷▷トーキー：約100km（車で約1時間30分）
◎トーキー ▷▷▷ポート・キャンベル（グレート・オーシャン・ロード）：約200km（車で約3時間30分）
◎ポート・キャンベル ▷▷▷メルボルン中心部：約230km（車で約3時間）　※距離および所要時間は、寄り道や休憩をのぞく

◎周辺MAPはP.12参照

サーフ・コーストの見どころ *Surf Coast*

　トーキーからオトウェイ岬まで続くサーフ・コーストで、ぜひ車から降りて散策してほしいのが、ポイント・アディスとスプリット・ポイントというふたつの岬です。ポイント・アディスは車で脇道を10kmほど入ったところにある穴場的スポット。岬の先端にはボードウォークが設置されていて、美しい海岸線を一望できます。一方、スプリット・ポイントは多くの観光客が訪れる人気スポット。遊歩道が灯台や展望台まで続く風光明媚な岬です。灯台近くの展望台からは、透きとおった海をながめることができます。岬にはかわいらしい灯台も立っています。

　スプリット・ポイントのあるエアリーズ・インレットの町を過ぎたあたりから、道路はカーブが多くなり、ローンの町まで素晴らしい景色をながめながらのドライブを楽しめます。ローンの町でひと休みしたら、再び西へドライブを続けましょう。ケネット・リバーの町にあるファミリー・キャラバン・パーク付近では野生のコアラが見られるので、ぜひ散策してみて。さらに西へドライブを続けると、美しいビーチが広がるアポロ・ベイの町に到着。ここまで来れば、サーフ・コーストの終点、オトウェイ岬もすぐそばです。時間があれば、オトウェイ岬の灯台を訪れたり、深い森のなかを散策しても楽しいでしょう。

Point Addis
ポイント・アディス

ポイント・アディス周辺はサーフィンのメッカ。サーフィンで有名なビーチが点在している。

MAP＊P.138

Split Point
スプリット・ポイント

透きとおった海とイーグル・ロックが一望できるスプリット・ポイントの展望台。

MAP＊P.138

Split Point Lighthouse
スプリット・ポイント・ライトハウス

13 Federal St., Aireys Inlet
☎03-5263-1133
https://splitpointlighthouse.com.au
※灯台の内部見学ツアーが、午前10時から午後1時30分まで30分間隔で催行。料金＄10、12月25日休

Shipwreck Coast

シップレック・コーストの見どころ

シップレック・コーストの見どころは、浸食によってでき上がった奇岩の数々。なかでも、もっとも有名なのが「十二使徒」と呼ばれる奇岩群です。いくつもの岩が海からそびえ立つ様子をキリストの12人の使徒にたとえ、十二使徒と名づけられました。断崖絶壁と奇岩群が果てしなく続く景観は、まさにグレート・オーシャン・ロードのハイライト。駐車場に車を停め、遊歩道を歩きながら観光できるようになっています。また、駐車場横からはヘリコプターのツアーも出ていて、空から観光することも可能です。

十二使徒の次に訪れたいのが「ロック・アード・ゴージ」。海が深く入り込み、峡谷のようになった美しい場所です。見晴らしのいい遊歩道がいくつも設置されているので、ゆっくりと時間をとって散策したいスポットです。

このほかにも、断崖絶壁の下まで行くことができる「ギブソン・ステップス」や、「ロンドン・ブリッジ」と命名された奇岩など、シップレック・コーストにはいくつもの見どころがあります。観光スポットには道路標識が出ているので、気に入ったところで車を停めて散策するといいでしょう。

Loch Ard Gorge
ロック・アード・ゴージ

上・19世紀にここで難破した船ロック・アード号にちなみ、この名前がつけられた。／左・浸食によってでき上がった複雑な地形が見られる。

MAP＊P.138

London Bridge
ロンドン・ブリッジ

かつては左側にもアーチがあり、陸続きになっていたロンドン・ブリッジ。

MAP＊P.138

Twelve Apostles 十二使徒

駐車場に車を停めて遊歩道から観光。24時間いつでも
自由にアクセスできる。無料。／MAP＊P.138

12 Apostles Helicopters
トゥエルブ・アポストルス・ヘリコプターズ

☎03-5598-8283
https://www.12apostleshelicopters.com.au
【料金】16分$165〜 ※十二使徒の駐車場横から出発

海からそびえたつ岩の柱と打ち寄せる荒波。言葉を失うほど美しい景色が広がっている。

ドライブ途中でちょっと休憩したり、
宿泊地としてもおすすめの町をご紹介。

Lorne ローン
海と山に囲まれたリゾートタウン

グレート・オーシャン・ロードでいちばんおしゃれ
な町ローン。リゾート気分が味わえる。

　オージーに人気のリゾートタウン。町の前には美しいビーチ
が、町の背後には山が広がっているため、海と山を同時に楽し
めます。数多くのハイキングコースもあり、宿泊施設やレスト
ランも豊富。サーフ・コースト側でのんびり過ごしたいなら、
この町をベースにするといいでしょう。

山のなかにはハイ
キングコースがた
くさんある。

Lorne Visitor Information Centre
ローン・ビジター・インフォメーション・センター

15 Mountjoy Parade, Lorne／☎03-5289-1152
🕘 9:00〜17:00、12月25日休／MAP＊P.138

アポロ・ベイに泊まれば、午前
中の静かな時間帯に十二使
徒の観光ができる。

Apollo Bay
アポロ・ベイ

ゆるやかな弧を描く美しいビーチ

　グレート・オーシャン・ロードには数多くの美し
いビーチがありますが、私がもっとも美しいと思う
のが、アポロ・ベイのビーチです。ローンにくらべ
ると田舎町ですが、ひと通りなんでもそろう便利な
町。グレート・オーシャン・ロードのほぼ中間地点
に位置しているので、宿泊地としてもおすすめです。

Apollo Bay Visitor Information Centre
アポロ・ベイ・ビジター・インフォメーション・センター

100 Great Ocean Rd., Apollo Bay／☎1300-689-297
🕘9:00〜17:00、12月25日休／MAP＊P.138

Port Campbell
ポート・キャンベル

十二使徒にも近いかわいい町

　深い入り江に面した小さな町。メインスト
リートには数多くの宿泊施設やレストランなど
が並んでいますが、観光地化されすぎておら
ず、のんびりした雰囲気のかわいい町です。
十二使徒までは、車でわずか10分ほど。夕日
に染まる十二使徒を見たい場合は、ポート・
キャンベルに宿泊するといいでしょう。

Port Campbell Visitor Information Centre
ポート・キャンベル・ビジター・インフォメーション・センター

26 Morris St., Port Campbell／☎1300-137-255
🕘9:00〜17:00、無休／MAP＊P.138

ポート・キャンベルの入り江。海から深く入り込んでいる
ので、波もなくおだやか。

メルボルンから2泊3日の小旅行プラン

レンタカーとフェリーを使って、モーニントン半島と
グレート・オーシャン・ロードを2泊3日で満喫するプランをご紹介。

1日目

朝、メルボルンでレンタカーを借りて、モーニントン半島へ。
見どころや町をめぐり、ワイナリーでランチ。夜は温泉へ。ソレント泊

アーサーズ・シートから絶景を楽しんだ後、ワイナリー（Ⓐ）で試飲やランチ。ランチ後はポート・フィリップ湾側の海沿いの道、ポイント・ネピアン・ロード（Point Nepean Rd.）をドライブして、半島南部のソレントへ。ソレントの町（Ⓑ）やビーチ、ポイント・ネピアン国立公園などを散策。夜はペニンシュラ・ホット・スプリングスを訪れてみて。

2日目

朝、ソレントからカーフェリーに乗り対岸のクイーンズクリフへ。
トーキーへ向かい、グレート・オーシャン・ロード観光。アポロ・ベイ泊

ソレントからクイーンズクリフまでは、シーロード・フェリー（Ⓒ）で約45分。フェリーは朝7時から1時間ごとに運航。イルカが見られることも！ クイーンズクリフはレトロな雰囲気のかわいらしい町なので、ぜひ散策を楽しんで。クイーンズクリフからポイント・ロンズデールの灯台やオー

ウォン・ヘッズの町を経由して、グレート・オーシャン・ロードの入り口の町トーキーへ。グレート・オーシャン・ロードを観光しながら、アポロ・ベイまでドライブ。ランチ休憩はローンの町（Ⓓ）がおすすめ。ローンの西にある町ケネット・リバーでは、野生のコアラ（Ⓔ）に出会える。

■Searoad Ferries
https://www.searoad.com.au

3日目

朝、アポロ・ベイを出発。
十二使徒などの奇岩群を観光しながら、ポート・キャンベルへ。
ポート・キャンベルの町でランチ休憩後、メルボルンへ戻る

左・右手奥のビーチに設置された席が一般席、左手手前に設置された席が「ペンギンプラス」。／下・親ペンギンは、海で捕獲した魚やイカを胃から吐き出して子ペンギンに食べさせる。

フィリップ島へ
ペンギン・パレードを見に行こう！

　メルボルンから南東へ約130km、本土と橋でつながったフィリップ島には、たくさんのペンギンが生息することで知られています。この島に生息しているのは、リトル・ペンギンという体長約30cmの世界最小のペンギン。ペンギンたちは夜明け前に海に餌をとりに出かけていき、外敵から身を守るために、あたりが薄暗くなった頃を見計らって、陸にある巣に戻ってきます。

　フィリップ島では、「ペンギン・パレード」というアトラクションに参加して、ビーチに設置されたデッキから、巣に戻ってくるペンギンたちを観賞できるようになっています。日が暮れてあたりが暗くなると、ペンギンたちが次々と海からあらわれ、ビーチに上陸。群れを成して、巣へ向かいます。その様子は、まさにペンギンのパレード！ よちよち歩きで巣に戻るペンギンたちは、ため息がでるほどかわいらしく、一生懸命歩く姿に心が癒されます。

　ペンギン・パレードには、一般席、ペンギンプラス、アンダーグラウンドなど5種類のチケットが用意されています。一般席からでもビーチを歩くペンギンの群れは見えますが、ペンギンプラスはペンギンを至近距離から見られるので、とくにおすすめ。また、寒くて雨が降ることも多い6〜8月の冬場は、室内のアンダーグラウンドもいいでしょう。ちなみにアンダーグラウンド以外の席はすべて屋外です。海に囲まれたフィリップ島は、夏場でも日が暮れると気温がかなり下がるので、防寒具を忘れずに。

約3万2000羽のリトル・ペンギンが、フィリップ島を住処としているといわれている。

Penguin Parade ペンギン・パレード

1019 Ventnor Rd., Summerlands（Phillip Island）／☎03-5951-2830
https://penguins.org.au/attractions/penguin-parade
🕐16:00〜、無休
【料金】一般席$30、ペンギンプラス$75、アンダーグラウンド$85。
　このほか、レンジャーガイドつきや、ほかのビーチから観覧するチケットなどもあり、すべてウェブサイトで予約可
※メルボルン発着のツアーで参加する場合は、通常、ツアー料金にペンギン・パレードのチケット代も含まれている
※ペンギンが島に戻ってくる時間は、時期によって変化するのでウェブサイトで確認を
MAP＊P.12[C-2]
【アクセス】メルボルンから車で約2時間。レンタカーもしくはツアー（P.148）を利用。
ペンギン・パレード終了は夜遅い時間になるため、レンタカーよりもツアーがおすすめ

森のなかに設置され
たボードウォークを歩
きながら、自然のなか
でコアラを観察できる。

下のガラス張りのエリアが「アンダーグラウ
ンド」、その上の屋外席が「ペンギンプラス」。

Koala Conservation Reserve
コアラ保護区

1810 Phillip Island Rd., Phillip Island／☎03-5951-2800
https://penguins.org.au/attractions/koala-conservation-reserve
🕐10:00〜17:30（最終入園時間17:00）、無休
【入場料】$15／MAP＊P.12[C-2]

　フィリップ島の見どころは、ペンギン・パレードだけではありません。チ
ャーチル島というフィリップ島からつながった島で牧場体験ができたり、フ
ィリップ島内陸部のコアラ保護区ではコアラを観ることもできます。また、
フィリップ島南西部にあるノビーズという場所には海沿いにボードウォーク
が設置されていて、素晴らしい景色が楽しめます。ノビーズでは、オットセ
イや、運がよければ巣で親ペンギンの帰りを待つ赤ちゃんペンギンに出会
えることもあります。

島の南西部「ノビーズ」のボードウォ
ークから、美しいながめを味わって。

ビクトリア州の金鉱の町を訪ねて

ビクトリア州内陸部には、
ゴールドラッシュ時代に金鉱で栄えた歴史ある町が点在しています。
メルボルンから列車に乗って、日帰りで行ける金鉱の町をピックアップ。

Ballarat
バララット

上・ゴールドラッシュ時代に建てられたタウン・ホールは、今も市庁舎として使われている。／左・リディアード・ストリートに立つゴールドラッシュ時代の旧証券取引所。

テーマパークで金鉱を体験!

　数あるビクトリア州の金鉱の町のなかでも、もっとも観光客に人気がある町。ゴールドラッシュ時代の荘厳な建造物が並ぶリディアード・ストリート (Lydiard St.) やスタート・ストリート (Sturt St.) 周辺の街並みも見逃せませんが、バララットのいちばんの見どころは、町はずれにあるソブリン・ヒルという屋外博物館です。19世紀当時の金鉱の様子を再現したテーマパークのようなアトラクションで、ゴールドラッシュ時代にタイムスリップした気分を味わえます。

MAP＊P.12[A-2]

【アクセス】メルボルンのサザン・クロス駅からバララット行きのV/Line(長距離列車)に乗り約1時間30分、バララット駅で下車

園内では、さまざまなアクティビティに参加できる。一部追加料金が必要なものも。

Sovereign Hill ソブリン・ヒル

Bradshaw St., Golden Point
☎03-5337-1199／https://www.sovereignhill.com.au
⏰10:00～17:00、月曜休
【入場料】$49
【アクセス】バララット駅から21番バスに乗り約10分、Sovereign Hillで下車すぐ

Bendigo
ベンディゴ

19世紀の優雅な街並みを散策

　ベンディゴにはかつて、ビクトリア州でもっとも多くの金塊を産出した金鉱がありました。この町にやってくると、ゴールドラッシュ時代を彷彿とさせる美しい街並みに驚かされます。観光地としての知名度はバララットに劣りますが、ベンディゴのほうがより優雅な雰囲気。アート・ギャラリーやおしゃれなレストランも多いので、バララットのソブリン・ヒルのようなアトラクションよりも、街歩きを楽しみたいという人におすすめです。

MAP＊P.12[A-2]

【アクセス】メルボルンのサザン・クロス駅からベンディゴ行きのV/Lineに乗り約2時間、ベンディゴ駅で下車

上・1897年に建てられたホテル・シャムロック。現在も宿泊施設とパブとして営業している。／左・キャピトル劇場は1874年にフリーメイソンの施設として建てられた。

町の南側から北側まで、観光名所をつなぐレトロなトラムが走っている。

Vintage Talking Tram
ビンテージ・トーキング・トラム

https://www.bendigotramways.com
🕙10:00〜16:16(土日曜15:46)、無休
【料金】$12.50(1日有効、乗り降り自由)

Castlemaine
キャッスルメイン

時代に取り残された田舎町

　ゴールドラッシュ時代の趣が今も残る出合町。バララットやベンディゴにくらべると小さな町ですが、それゆえに近代的なビルもなく、町全体がのんびりとした雰囲気。レトロな建物を利用した個性的なカフェやギャラリー、アンティークショップなども多く、散策が楽しい町です。日曜と水曜には、モールドン(Maldon)というタイムマシンから抜け出てきたかのようなかわいい村まで蒸気機関車が走っています。

MAP＊P.12[A-1]

【アクセス】メルボルンのサザン・クロス駅からベンディゴ行きのV/Lineに乗り約1時間30分、キャッスルメイン駅で下車

レトロでチャーミングな田舎町でのんびり過ごしたい人におすすめ。

町の中心は鉄道駅から歩いてすぐなので観光がしやすい。

キャッスルメインからモールドンまでは45分。片道$37〜、往復$52〜。

Victorian Goldfields Railway
ビクトリアン・ゴールドフィールズ鉄道

https://www.vgr.com.au

おすすめツアー会社

メルボルン郊外は公共交通機関があまり整っておらず、車を使わないと
アクセスできないところも多いのが現状です。
車の運転ができない人や、
海外での車の運転が心配な人はメルボルン発着のツアーを利用しましょう。

Hop It
ホップ・イット

朝シティを出発して、ヤラバレーやモーニントン半島のワイナリ
ーエリアを巡回するシャトル・サービス。ヤラバレーは２ルート、モ
ーニントン半島は1ルートがあり、このサービスを使えば本書で紹
介しているほとんどのワイナリーが訪問可能です。乗り降り自由な
ので1日で数か所のワイナリーをめぐることもできます。ガイドなし
で自由にワイナリーを訪問したい人におすすめです。

☎03-8596-2659／https://www.hopit.com.au

Vinetrekker
ヴァイントレッカー

ヤラ・バレーやモーニントン半島などのワイン＆グルメに特化し
たツアー会社です。魅力的なワイナリーとおいしい食事を組み合わ
せた質の高いツアーを提供。ヤラ・バレーのツアーには、ワイナリー
＆ヒールスビル・サンクチュアリツアーや、ワイナリー＆熱気球の遊
覧飛行ツアーもあり、バラエティに富んだ内容が魅力です。

☎03-9699-8148／https://vinetrekker.com.au

Explore Australia Tours
エクスプロア・オーストラリア・ツアーズ

グレート・オーシャン・ロード、フィリップ島、ダンデノン丘陵、モ
ーニントン半島などのツアーを催行。とくにモーニントン半島は、ワイナ
リー・ツアーに加え、観光に重点をおいたツアーや、ペニンシュラ・ホ
ット・スプリングスを訪れるツアー、フェリーを使いモーニントン半島
とベラリン半島の両方をまわるツアーなど、多様なツアーを提供。

☎03-5257-4588／https://www.exploreaustraliatours.com.au

Go West
ゴー・ウェスト

グレート・オーシャン・ロード、フィリップ島、ヤラ・バレーといった
人気のデスティネーションへ、質や価格ともにバランスのとれたツ
アーを提供しています。グレート・オーシャン・ロードへは、通常のツ
アーのほかサンセットツアーも催行しています。

☎03-9485-5290／https://gowest.com.au

Tasmania

オーストラリア最南端
手つかずの自然が残る野生の島

未開の大自然が広がるクレイドル・マウンテン周辺の原生林とダブ湖。

動物が好きな人には、とくにクレイドル・マウンテンをおすすめしたい。

メルボルンの南に浮かぶタスマニアは、北海道を少し小さくしたくらいの大きさの「野生の島」。約1万2千年前、氷河期が終わり海水が上昇したことにより、オーストラリア大陸から離れて島となったタスマニアには、タスマニア固有の動物や植物が見られます。とくに南西部には、道路も通っていない未開の原生林が広がり、太古の昔から存在しためずらしい植物が現存。島の面積の約5分の1が、「タスマニアの原生地域」としてユネスコの世界遺産に登録されています。

タスマニアのいちばんの魅力は、このような広大な未開の地が存在する一方で、簡単に大自然にアクセスできるように整備された場所も用意されているところ。国立公園となっているクレイドル・マウンテンやフレシネ半島では、老若男女を問わず、誰でも手軽にタスマニアの大自然の魅力に触れることができます。ローンセストンやホバートの町からツアーも出ていますが、可能であればレンタカーで自由にまわるのがおすすめです。

タスマニア滞在中には、これらの国立公園へのアクセスポイントとなる町の観光も楽しみたいところ。とくにタスマニア州の州都であるホバートは、シドニーに次ぎ古い歴史を誇る町。趣ある歴史的建造物も多く、また近年では、アートやグルメの町としても注目を浴びています。

タスマニアの主要都市へは、メルボルンから飛行機で約1時間。タスマニア行きのフェリーは、メルボルンから70kmほど離れたジローン港発着とアクセスが悪いため、飛行機の利用がおすすめです。

◎タスマニアの歴史

ヨーロッパにこの島の存在が知られるようになったのは、17世紀のこと。オランダ人探検家アベル・タスマンが、航海中に見つけました。その後、19世紀に入ると、英国がこの島への入植を開始します。入植者として送られたのは、罪を犯した囚人たち。島内にはいくつもの流刑植民地が形成され、流刑囚の労働力によって島の開拓が進みました。タスマニアへの囚人の輸送は、1856年まで続きました。タスマニア各地には、流刑囚によって築かれた教会や学校、橋といった古い石づくりの建造物が、今でも数多く残っています。

流刑地ポート・アーサー監獄の遺跡へは、ホバートから日帰り可能。

Photo: Tourism Tasmania & Rob Burnett

この間、何万年も前からこの地に住んでいたタスマニアン・アボリジニと入植者の間で、激しい戦いも繰り広げられました。タスマニアン・アボリジニの人口は入植者との戦いや伝染病により急激に減少。現在タスマニアには、混血のタスマニアン・アボリジニしか残っていないといわれています。

【タスマニアMAP】

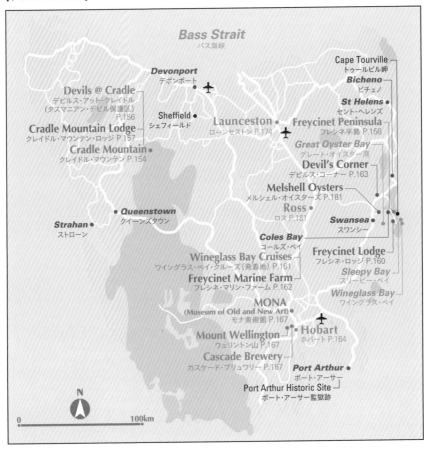

Bass Strait
バス海峡

Cape Tourville
トゥールビル岬

Devonport
デボンポート

Bicheno
ビチェノ

Devils @ Cradle
デビルス・アット・クレイドル
（タスマニアン・デビル保護区）
P.156

St Helens
セント・ヘレンズ

Sheffield
シェフィールド

Launceston
ローンセストン P.174

Freycinet Peninsula
フレシネ半島 P.158

Cradle Mountain Lodge
クレイドル・マウンテン・ロッジ P.157

Cradle Mountain
クレイドル・マウンテン P.154

Great Oyster Bay
グレート・オイスター湾

Devil's Corner
デビルス・コーナー P.163

Melshell Oysters
メルシェル・オイスターズ P.181

Ross
ロス P.181

Queenstown
クイーンズタウン

Strahan
ストローン

Swansea
スワンシー

Coles Bay
コールズ・ベイ

Wineglass Bay Cruises
ワイングラス・ベイ・クルーズ（発着地）P.161

Freycinet Lodge
フレシネ・ロッジ P.160

Freycinet Marine Farm
フレシネ・マリン・ファーム P.162

Sleepy Bay
スリーピー・ベイ

Wineglass Bay
ワイングラス・ベイ

MONA
(Museum of Old and New Art)
モナ美術館 P.167

Mount Wellington
ウェリントン山 P.167

Hobart
ホバート P.164

Cascade Brewery
カスケード・ブリュワリー P.167

Port Arthur
ポート・アーサー

Port Arthur Historic Site
ポート・アーサー監獄跡

N

0   100km

見渡すかぎり手つかずの原生林が広
がるタスマニア内陸部。奥にそびえ
るのはクレイドル・マウンテン。

【アクセス】メルボルンから飛行機で、デボンポート
まで約1時間、ローンセストンまで約1時間、ホバート
まで約1時間15分。ローンセストン、ホバートへは、シ
ドニーからもフライトがある。タスマニア行きフェリー
「スピリット・オブ・タスマニア」は、メルボルンから約
70km離れたジローン港から出航

■Qantas Airways
https://www.qantas.com
■Jetstar Airways
https://www.jetstar.com
■Virgin Australia Airlines
https://www.virginaustralia.com
■Rex Airlines
https://www.rex.com.au
■Spirit of Tasmania
https://www.spiritoftasmania.com.au

世界遺産のタスマニア原生地域へ
Cradle Mountain
クレイドル・マウンテン

タスマニア北西部にあるクレイドル・マウン
テンは、世界遺産にも登録されている原生地
域にそびえ立つ標高1545mの山。山の形が

左・11〜1月にかけ
ては、真っ赤なタス
マニアン・ワラタの
花を見ることができ
る。／右・小川沿い
に続く遊歩道「エン
チャンテッド・ウォー
ク」は、20分ほどで
簡単に歩ける。

ゆりかごを連想させることから、クレイドル・マ
ウンテン（＝ゆりかご山）と名づけられたといわ
れています。

クレイドル・マウンテン一帯は、南に隣接す
るセント・クレア湖一帯とともに、国立公園に
指定されています。タスマニアの原生地域は
アクセスが困難な場所も多いのですが、クレイ
ドル・マウンテンに限っては、山の前に広がる
湖まで車でアクセスすることができ、簡単に歩
ける木道や遊歩道が数多く設置されているた

大自然が広がるクレイドル・マウンテン一帯では、携帯電話もほとんど通じない。

Cradle Mountain Visitor Centre
クレイドル・マウンテン・ビジター・センター

4057 Cradle Mountain Rd., Cradle Mountain
☎03-6492-1110
https://parks.tas.gov.au/
explore-our-parks/cradle-mountain
◷8:30〜16:00、無休
※ビジター・センターは国立公園の2km手前にある。ここで入園パスを手に入れてから公園へ。ビジター・センターから公園内へのシャトルバスがある(一般車での乗り入れはシャトルバス運行時間外のみ可)
【アクセス】デボンポートから車で約1時間30分、ローンセストンから約2時間。ローンセストンからクレイドル・マウンテンへは、マクダーモッツ社がシャトルバスを運行。そのほか、同社が催行するローンセストン発着の日帰りまたは1泊2日のツアー(宿泊施設は各自手配)、ツアーズ・タスマニア社が催行するローンセストン発着の日帰りツアーもある

■McDermott's
☎03-6330-3717／https://mcdermotts.com.au
■Tours Tasmania
☎03-6231-5390／https://www.tourstas.com.au

MAP＊P.153

クレイドル・マウンテンとダブ湖。湖までは車やシャトルバスで簡単にアクセスできる。

め、多くの観光客が訪れる人気スポットです。いちばんの見どころは、山の正面に広がるダブ湖。鏡のように澄み渡った湖面に、けわしい岩肌のクレイドル・マウンテンが映る風景は、まるで絵葉書のような美しさ。ダブ湖のまわりを2時間ほどで1周できる遊歩道は、景色の変化も楽しめてとくにおすすめです。このほかにも、散歩感覚で歩ける木道やピクニックテーブルなどがあちこちに設置されているので、丸一日、大自然にどっぷりとひたってみてください。

タスマニア州の国立公園の入園パス

　ワンデーパスとホリデーパスがあり、各国立公園のビジター・センターやウェブサイトで購入できます。ツアーで訪れる場合は、通常、ツアー代金に入園料が含まれています(各ツアーパンフレットなどで確認を)。

https://parks.tas.gov.au/explore-our-parks/
know-before-you-go/entry-fees

◎ワンデー・パス
クレイドル・マウンテン以外の国立公園で24時間有効。車1台(8人まで)$44.75、車以外はひとり$22.35
◎アイコン・ワンデー・パス
クレイドル・マウンテンのみ24時間有効。ひとり$27.95(クレイドルマウンテン内のシャトルバス込み)
◎ホリデーパス
タスマニア州すべての国立公園で8週間有効。車1台(8人まで)につき$89.50、車以外での入園はひとり$44.75

クレイドル・マウンテンで動物ウォッチング

自然が豊かなタスマニアのなかでも、
とくにクレイドル・マウンテンは動物の宝庫。
ここでは必ず、かわいい動物たちに
出会うことができます。

オーストラリア固有
の有袋類の動物。夜
行性で、昼間は巣穴
にいることが多いの
で、少し薄暗くなっ
た夕方以降に遭遇
できる可能性が高い。

ウォンバット

エキドナ

オーストラリアのほぼ全域に
分布するハリモグラの一種。
人間が近づくと、防衛のため
にくるりと丸まってしまう。

タスマニアン・パディメロン

クレイドル・マウンテンではよく見かける動物。夜行性
だけれど、昼間でも木が茂った森のなかなどで見られ
る。有袋類なので、お腹の袋から子どもが顔を出して
いることも！

タスマニアン・デビル

タスマニアのみに生息する肉食の有袋類動物。野生のタス
マニアン・デビルに遭遇するのはなかなかむずかしい。タス
マニアン・デビルを見たいなら、近くにあるタスマニアン・デ
ビルの保護区へ。要予約。

Devils @ Cradle
デビルス・アット・クレイドル（タスマニアン・デビル保護区）

☎03-6492-1491／https://devilsatcradle.com
【入園料】$25〜／MAP＊P.153

ワラビー

カンガルーを少し小さくした
ような有袋類の動物。クレイ
ドル・マウンテンのような山岳
地帯では、カンガルーよりも
ワラビーをよく見かける。

Cradle Mountain Lodge

クレイドル・マウンテン・ロッジ

動物もあらわれる大自然のなかの宿

　国立公園に隣接する宿泊施設。山荘風のメインロッジには、レセプションやレストラン、スパなどの施設があります。客室となるキャビンは、広い敷地内に点在。山小屋のような外観ですが、なかはモダンで快適に過ごせます。敷地からもウォーキングトラックにアクセスできるほか、滝まで歩いて行けたりと、自然を満喫できるのがクレイドル・マウンテン・ロッジの醍醐味。朝夕には敷地内に動物がたくさんあらわれます。ロッジ内の売店は品ぞろえが少ないので、必需品はクレイドル・マウンテンの55kmほど手前にあるシェフィールドという町で入手しておくといいでしょう。

4038 Cradle Mountain Rd., Cradle Mountain
☎03-6492-2100
https://www.cradlemountainlodge.com.au
◼️ 一室$485〜、朝食込み／全00室
MAP＊P.153

上・ロビーやレストランがあるメインロッジ。Wi-Fiはこの建物のなかでのみ使用できる。／下・バルコニーつきのキャビン「ペンシル・パイン・バルコニー」。ガス式暖炉もついている。

左・ロッジ内には「ハイランド・レストラン」と「タバーン」というふたつのレストランがある。／右・客室キャビンからメインロッジまでの木道。敷地内に小川が流れ森が広がっている。

フレシネ半島は、タスマニア東部からぶら下がるような形に突き出た半島で、その大部分が国立公園になっています。白砂のビーチとピンク色の花崗岩で縁取りされた海岸線、トルコブルーの海、背後に迫るけわしい山々。数多くの景勝地が存在するタスマニアのなかでも、フレシネ半島の美しさは格別です。真っ白な砂浜が続くビーチで海水浴を楽しんだり、美しい海岸線が続くスリーピー・ベイやトゥールビル岬までドライブに出かけたり、ワイングラス・ベイを見下ろす展望台まで山登りを楽し

んだり……。海と山の両方を同時に楽しむことができます。

　フレシネ半島周辺は、牡蠣、ロブスター、アワビ、ホタテ貝といったシーフードも豊富な場所。また、フレシネ半島のつけ根にあたるエリアに広がる平野には、ブドウをはじめ果物の栽培が行われていて、ワイナリーもあります。フレシネ国立公園の雄大な自然のなかで遊んだ後は、夕日で黄金色に染まった山と海を見ながら、地元産のワインを片手に新鮮なシーフードに舌鼓をうってはいかがでしょう。

海と山の絶景が広がる

フレシネ半島

Freycinet Peninsula

上・この周辺の岩には、めずらしいオレンジ
色の地衣類（苔のような原始的植物）が生
殖している。／右・フレシネ半島のトゥール
ビル岬からは美しい海岸線が一望できる。

Freycinet National Park Visitor Centre

フレシネ国立公園ビジター・センター

Freycinet Dr., Coles Bay／☎03-6256-7000
https://parks.tas.gov.au/
Pages/Freycinet-National-Park.aspx
⊙5〜10月9:00〜16:00、11〜4月8:00〜17:00、無休
※国立公園に指定されているエリアに入るには入園パスが必
　要。入園パスはビジター・センターかウェブサイト（P.155）
　で購入できる
【アクセス】ローンセストンから車で約2時間30分、ホバート
から車で約3時間。ツアーズ・タスマニア社（P.155）はホバー
トからの日帰りツアーや、ホバートからフレシネを経由してロー
ンセストンに行くツアーを催行している

MAP＊P.153

上・半島つけ根の平野部にはブドウ園が
広がっている。／左・海のすぐそばに、（左
から）ダブ山、エイモス山、メイソン山とい
う3つの山がそびえ立つ。

Freycinet Lodge

フレシネ・ロッジ

ロッジの敷地内からはリチャードソンズ・ビーチという美しいビーチへもアクセスできる。

国立公園内のラグジュアリーな宿

　フレシネ国立公園内にあるラグジュアリーな宿泊施設。グレート・オイスター湾に面した絶好のロケーションにあり、ロッジの目の前には美しい海の景色が、裏手にはけわしい岩山の景色が広がっています。とくにメインロッジにあるレストランからの眺望は素晴らしく、透きとおった海とピンク色の花崗岩が生み出す美しい景色をながめながら、食事を楽しめます。客室は広い敷地内に点在する山小屋風のキャビン。夕日の名所で知られるハネムーン・ベイへも、敷地内から徒歩で簡単にアクセスできます。

Freycinet Dr., Coles Bay
☎1300-061-835
https://www.freycinetlodge.com.au
🧳 一室$262〜、朝食込／全69室
MAP＊P.153

夕暮れ時はハネムーン・ベイでロマンチックなひと時を。

上・ワンルーム・キャビンは39㎡と広々。ジェットバスつきや2ベッドルームのキャビンもある。／下・メインロッジにはふたつのレストランがある。Wi-Fiが使えるのはメインロッジのみ。

フレシネ半島を海から観光

天気が悪いと海が荒れることもあるので、天気予報をチェックして!

　ワイングラス・ベイは、ワイングラスのように美しい曲線を描く湾。フレシネ半島のなかでもっとも有名なスポットですが車ではアクセスできないので、ワイングラス・ベイを見るためには、展望台まで片道1.5kmの急な山道を登らなくてはなりません。ワイングラス・ベイを見てみたいけど歩くのは苦手、という人におすすめしたいのが、ワイングラス・ベイ・クルーズです。朝9時半にフレシネ半島のコールズ・ベイの桟橋を出発して、フレシネ半島をぐるりとまわり、ワイングラス・ベイまで行って戻ってくるという約4時間半のクルーズ。季節によっては、イルカやクジラに遭遇できることも!

　「ビスタラウンジ」と「スカイラウンジ」という2種類のチケットがあり、ビスタラウンジは1階席で食事つきか食事なしが選べます。一方、スカイラウンジは2階席で生牡蠣などのシーフードも含むランチつきで、飲みものも料金に含まれています。

Wineglass Bay Cruises
ワイングラス・ベイ・クルーズ

Coles Bay Jetty, Coles Bay
☎03-6257-0355
https://www.wineglassbaycruises.com.au
⏰毎日1便運航、12月25日休
【料金】ビスタラウンジ$155～、
　　　　スカイラウンジ$290
※船酔いしやすい人は、船酔い止めの薬を用意しておくと安心
MAP＊P.153(コールズ・ベイの桟橋)

Freycinet Peninsula

Freycinet Marine Farm

フレシネ・マリン・ファーム

生牡蠣は1ダース$28。さっぱりとして癖のない牡蠣なので、ぺろっと食べられる。

新鮮なシーフードをその場で

　フレシネ・マリン・ファームは、フレシネ半島にある牡蠣とムール貝の養殖会社。フレシネ半島のコールズ・ベイにある直売所には屋外にテーブルがおかれていて、養殖場でとれた生牡蠣や蒸したムール貝のほか、地元の漁師から仕入れたホタテ貝をソテーしたものフィッシュ＆チップスなどをその場で食べられるようになっています。フレシネ国立公園ビジター・センターの10kmほど手前にあるので、ぜひ立ち寄って、新鮮なシーフードを味わってみて！

上・ロブスターのシーズンは11〜4月。ロブスターはクレイフィッシュ（Crayfish）とも呼ばれる。／左・屋外にテーブルと椅子がおかれているだけのセルフサービス形式の店舗。

ガーリックを使ってさっとソテーした帆立貝。

1784 Coles Bay Rd., Coles Bay／☎03-6257-0261
https://www.freycinetmarinefarm.com
◎6月〜10月初旬10:00〜16:00、
　10月初旬〜5月9:00〜17:00、
　1月1日・聖金曜日・12月25・26日休
MAP＊P.153

Devil's Corner

デビルス・コーナー

フレシネ半島を見渡す絶景ワイナリー

フレシネ半島のつけ根周辺に広がる平野部は、果樹の栽培が盛んな地域。このエリアにはいくつものブドウ園やワイナリーがあり、そのなかでもとくにおすすめしたいのが、デビルス・コーナーというワイナリー。敷地内の展望台からは、フレシネ半島を一望できます。またセラー・ドアには、ワインのみならず、コーヒーや軽食が楽しめるカフェも併設されています。ローンセストンやホバートからフレシネ国立公園に向かう時にワイナリーの前を通るので、休憩がてらぜひ訪ねてみて。

上・ワインづくりに定評があるビクトリア州の老舗ワイナリー「ブラウン・ブラザーズ」が経営。／下・フルボディの赤が好みなら、マウント・エイモス・ピノ・ノワールがおすすめ。

屋外ではフレシネ・マリン・ファームのシーフードや、ピザも注文できる。

1 Sherbourne Rd., Apslawn／☎0448-521-412
https://www.devilscorner.com.au
🕙10:00〜17:00、無休／MAP＊P.153

Hobart
ホバート

町に残る数多くの石づくりの建物は、19世紀に流刑囚たちによって築かれたもの。

歴史が息づく美しい港町

　タスマニアの州都ホバートは、ダーウェント川河口に面した港町。オーストラリアではシドニーに次ぎ2番目に古い歴史を持つ町です。かつては捕鯨や造船で栄えたホバート港は、今では人気の観光スポットに様変わり。桟橋の上に並ぶかつての倉庫群はホテルやレストランとして利用され、造船ドックだったところには、フィッシュ＆チップスを売る船が停泊しています。その一方で、小さな漁船が停泊していたり、巨大な南極観測船が係留されていたりと、今でも港として機能している様子も見られます。

　港の南側にのびるサラマンカ・プレイスは、19世紀初頭に倉庫として建てられた石づくりの建物が並ぶ美しい通り。かつて倉庫だった建物には個性的なギャラリーやショップ、レストランが数多く入っていて、多くの人でにぎわっています。サラマンカ・プレイスからは「ケリーの階段」を上って、バッテリー・ポイントと呼ばれる高台へ。この一帯は昔ながらの家屋が数多く残る、私のお気に入りのエリア。かわいい家が並ぶ住宅街を歩いたり、気になったカフェで休憩したり、のんびりと散策を楽しんでみてください。

ダーウェント川河口のサリバン湾に面した美しい港町。

エリザベス・ストリート桟橋には飲食店
がずらりと並び、多くの人でにぎわう。

【アクセス】ホバート空港から中心部への
アクセスはP.182参照

1840年に探検家ジェームス・ケ
リーが築いた「ケリーの階段」を
上り、バッテリー・ポイントへ。

バッテリー・ポイン
トのハンプデン・ロ
ードには、昔ながら
の家屋やおしゃれ
なカフェが並ぶ。

【ホバート中心部MAP】

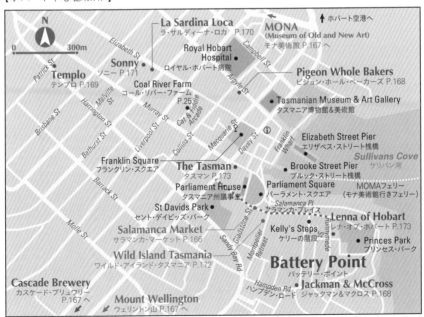

↑ ホバート空港へ

N

0   300m

Elizabeth St

Patrick St

Templo
テンプロ P.169

Sonny
ソニー P.171

La Sardina Loca
ラ・サルディーナ・ロカ P.170

Royal Hobart Hospital
ロイヤル・ホバート病院

Coal River Farm
コール・リバー・ファーム
P.25

MONA
(Museum of Old and New Art)
モナ美術館 P.167 へ

Campbell St

Argyle St

Pigeon Whole Bakers
ピジョン・ホール・ベーカーズ P.168

Melville St

Harrington St

Brisbane St

Bathurst St

Murray St

Liverpool St

Collins St

Car & Fiddle
Arcade

Macquarie St

Davey St

Franklin
Wharf

Tasmanian Museum & Art Gallery
タスマニア博物館&美術館

Elizabeth Street Pier
エリザベス・ストリート桟橋

Sullivans Cove
サリバン湾

Franklin Square
フランクリン・スクエア

Barrack St

The Tasman
タスマン P.173

Parliament House
タスマニア州議事堂

St Davids Park
セント・デイビッズ・パーク

Brooke Street Pier
ブルック・ストリート桟橋

Parliament Square
パーラメント・スクエア

Salamanca Pl
サラマンカ・プレイス

MOMAフェリー
（モナ美術館行きフェリー）

Molle St

Salamanca Market
サラマンカ・マーケット P.166

Gladstone St

Sandy Bay Rd

Kelly's Steps
ケリーの階段

Lenna of Hobart
レナ・オブ・ホバート P.173

Princes Park
プリンセス・パーク

Wild Island Tasmania
ワイルド・アイランド・タスマニア P.172

Montpelier Retreat

Hammade

Battery Point
バッテリー・ポイント

Cascade Brewery
カスケード・ブリュワリー
P.167 へ

Mount Wellington
ウェリントン山 P.167 へ

Hampden Rd
ハンプデン・ロード

Jackman & McCross
ジャックマン&マクロス P.168

土曜は
マーケットへ行こう！

サラマンカ・プレイス沿い約500mにわたり屋台が並び、お祭り気分が味わえる。

ホバートの名物といえば、サラマンカ・マーケット。毎週土曜になると、石づくりの美しい建物が並ぶサラマンカ・プレイスにはところせましとお店が並び、屋外マーケットに様変わり。工芸品や衣類、農作物や特産品、食べものの屋台など300軒以上が並び、多くの人でにぎわいます。大道芸人やミュージシャンの演奏などもあり、見て歩くだけでも楽しいマーケット。土曜にホバートにいたら、ぜひのぞいてみてください。

Salamanca Market
サラマンカ・マーケット

Salamanca Pl., Hobart
https://www.salamancamarket.com.au
🕐 毎週土曜8:30〜15:00
（4月25日、12月25日が土曜にあたる場合は、翌日曜に開催）
MAP＊P.165

左から／タスマニアはリンゴの名産地。小ぶりでしゃきっとした歯ごたえのリンゴを食べてみて。／12〜2月にかけては、チェリーもおすすめ。オーガニックものにこだわったお店も多い。／部屋に飾りたくなる素敵なフラワー・アレンジメント。花束を買い求める地元客も多い。

Cascade Brewery
カスケード・ブリュワリー

オーストラリア最古のビール工場

カスケード・ブリュワリーは、1824年に設立されたオーストラリアでもっとも古いビール会社。ホバートの町外れ、ウェリントン山の麓にあるビール工場は、歴史を感じさせる重厚な佇まい。バーやレストランもあり、工場見学ツアーも行われています（完全予約制）。

工場見学に参加する場合は、ロングパンツとヒールのない靴の着用が義務づけられているのでご注意を。

140 Cascade Rd., South Hobart／☎03-6212-7801／https://www.cascadebreweryco.com.au
🕙11:00〜17:00、聖金曜日・12月25日休／【料金】ブリュワリー・ツアー（工場見学とテイスティング）\$35／MAP＊P.153、165（MAP外）
【アクセス】フランクリン・スクエアから446・447・449番バスに乗り約15分、Stop16 Cascade Breweryで下車

Mount Wellington
ウェリントン山

天空からホバートを一望

ブルック・ストリート桟橋前から発着。

町の西にそびえ立つ標高1270mの山。深い森と切り立った岩に覆われたけわしい山ですが、舗装された道路が頂上まで続いていて、車で山頂まで上れます。山頂の展望台からは、ホバートの町とダーウェント川、そしてまわりの山々を一望。素晴らしい景色が広がっています。

山頂には遊歩道が設置されていて、景色を見ながら散策ができるようになっている。

Pinnacle Rd., Mt Wellington／https://wellingtonpark.org.au／MAP＊P.153、165（MAP外）
【アクセス】ホバート中心部から車で約40分。ホバートからMount Wellington Explorer Busというシャトルバスが運行

■Mount Wellington Explorer Bus　☎03-6236-9116 / https://mtwellingtonexplorer.com.au

モナ美術館 **MONA**
(Museum of Old and New Art)

大人のための美術館

美術館までは専用のフェリーでのアクセスが便利。入場券とともにウェブサイトで予約できる。

タスマニアの大富豪デイヴィッド・ウォルシュ氏が設立した異色の美術館。古代美術からモダンアートまでさまざまな作品が展示されています。人間の消化器官を人工的につくり実演する作品や、性と死をテーマにした作品など衝撃的なものも多く、前代未聞の美術館といわれています。

655 Main Rd., Berriedale
☎03-6277-9978／https://www.mona.net.au
🕙10:00〜17:00、火〜木曜休
（ただし12月下旬〜4月の木曜日は営業）
【入場料】\$38／MAP＊P.153、165（MAP外）
【アクセス】ブルック・ストリート桟橋から専用フェリーで約25分

おすすめのモーニング・バン$6。

Pigeon Whole Bakers

ピジョン・ホール・ベーカーズ

おいしくてかわいいパン屋

ガラス張りの明るくてかわいいベーカリー。ショーケースにはペイストリーやスイーツがいっぱい。何を食べてもおいしいのですが、私のおすすめはモーニング・バン(Morning Bun)というクロワッサンの生地を使ったパン。表面が蜂蜜でカラメライズされていて、なかはふんわり、外はかりっとしていて絶妙の食感です。朝食にどうぞ。

32 Argyle St., Hobart
https://www.pigeonwholebakers.com.au
⊙7:30〜15:00(土日曜13:00)、無休／MAP＊P.165

エクレアやタルト、ドーナツなどスイーツも並ぶ。

サワードウやバゲットもおいしい。サンドイッチもある。コーヒーもオーダーでき、席数は少ないけれど店内での飲食も可能。

アプリコットとフランジパーヌのタルト。ケーキやパンは持ち帰りもできる。

Jackman & McCross

ジャックマン＆マクロス

バッテリー・ポイントのおしゃれカフェ

レトロなコテージが立ち並ぶバッテリー・ポイントの高台にあるカフェ。お店の外観もバッテリー・ポイントらしく、レトロで素敵。屋外の席には犬を連れた人も多く、地元の人に愛されているお店であることが伺えます。バッテリー・ポイントの散策途中に、ぜひ立ち寄ってみて。

57-59 Hampden Rd., Hobart／☎03-6223-3186
https://www.facebook.com/Jackman-and-McRoss-139201119459938/
⊙7:00〜17:00、祝日休／MAP＊P.165

朝食にはスクランブルエッグやポーチドエッグなどの卵料理もある。

Templo

テンプロ

お客同士の話もはずむ楽しいお店

　無名の若者ふたりが開いた、20席ほどの小さな小さなレストラン。ほかのお客と相席になることもあるアットホームな雰囲気と、おいしい料理が話題となり、タスマニア島外からも美食家が訪れる人気レストランとなりました。料理はおまかせのコースのみで、ランチは4皿$60、ディナーは6皿$99。旬の野菜やパスタ、肉、魚料理がバランスよく組み合わされた欧風料理には、地元の食材がふんだんに使われています。25席しかない小さなレストランなので予約は必須。アレルギーや食べられないものがある場合は予約時に伝えておきましょう。

上・ラディッシュやスナップエンドウなど春野菜のグリルと、クリーミーなブッラータチーズ。／下・黄色いビートルートのグリルに、サルサヴェルデという緑のソースを組み合わせた一品。

98 Patrick St., Hobart
☎03-6234-7659
https://templo.com.au
🕐12:00〜13:30*、18:00〜20:15*、
水曜18:00〜20:15*、
火曜・12月下旬〜1月上旬休
MAP＊P.165

＊最終入店時間

カリカリのパン粉がのったブロッコリーニとチリのニョッキ。

La Sardina Loca

ラ・サルディーナ・ロカ

天気のいい日は、中庭での食事がおすすめ。

カジュアルな明るい店内。ワインの種類も豊富。

中庭でいただく小皿料理

　エリザベス・ストリートからトンネルのような細い通路を抜けるとあらわれる、中庭。レンガづくりの壁に囲まれたこのレトロな空間を利用して、カクテルやワイン、そして小皿料理を提供しているのがラ・サルディーナ・ロカです。中庭の奥の建物には屋内の飲食スペースもあり、そちらも素敵なのですが、やはり中庭が特等席。タパス風の小皿料理もおいしく、ほとんどのものはひと皿$20以下と値段も手頃。居心地のいい空間でおいしく楽しい時が過ごせるおすすめのお店です。

100 Elizabeth St., Hobart／☎03-6234-9992
https://www.lasardinaloca.com
🕐12:00（月水木曜16:00）～深夜、火曜休
MAP＊P.165

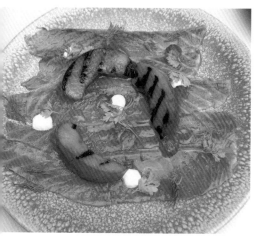

左・カンパリと柑橘類の果汁でマリネしたタスマニア産サーモンにグリルした桃をのせて。
右・低温調理した鶏肉を使ったテリーヌ。キノコやピクルスも添えられ、彩りあざやか。

170

Sonny

ソニー

上・開店直前の店内。開店するとたちまち人でいっぱいに。／右・日替わり料理は黒板をチェック。

ファンキーなバーで
楽しい夜を

　私がホバートを訪れたら必ず行くバーがあります。それが、ここ「ソニー」です。うなぎの寝床のような小さなバーなのですが、店内にはレコードプレイヤーがおかれ、60年代から80年代のロックやソウルミュージックが流れています。提供されるワインは日替わりで、グラスで注文できるのは10種ほど。なかには「ミステリー・ワイン」という何が出てくるかはお楽しみ、というものもあります。おつまみや小皿料理もおいしいです。というのも、このお店は人気レストランのテンプロ（P.169）が経営しているのです。ホバートで楽しい夜を過ごしたかったらソニーを訪れてみて。

120a Elizabeth St., Hobart
https://sonny.com.au
🕓16:00〜深夜、火水曜休
MAP＊P.165

お店のスタッフは気さくな人たちばかり。臆せずおしゃべりも楽しんで。

左・じっくりと煮込んだリーク（ポロネギ）に刻んだアーモンドがたっぷりとかかった一品。／右・「ミステリー・フード」というメニューも。この日はトーストの上にペコリーノチーズと蜂蜜をのせたもの。

サーディンのマリネはワインによく合う。

Wild Island Tasmania

ワイルド・アイランド・タスマニア

店の入り口はモンペリエ・リトリートという通りに面している。

センスのいいおみやげが手に入る

　ワイルド・アイランド・タスマニアは、タスマニアならではおみやげがそろう素敵なお店。木製ペンダントやウッドスプーンといった木製品、タスマニア産の蜂蜜やキャンディー、チョコレートといった食品類、植物や動物がデザインされたキッチンクロスやクッションカバー、タスマニアの写真集など、思わずほしくなるものがいっぱい! また、タスマニアのアーティストによるジュエリーや陶芸品、絵画など、個性的でセンスのいい作品もたくさんそろっています。大切な友達や自分のためのおみやげ探しに、ぜひのぞいてみてほしいお店です。

上・バンクシアやワラタなど、オーストラリア原産の植物がデザインされたクッションカバー。/下・タスマニアのアーティストによるジュエリーが数多くそろう。

左・独特の香りがするタスマニア原産レザーウッドの蜂蜜$14。/右・タスマニアの動物がデザインされたキッチンクロス$22〜。

Shop 8, The Galleria, 33 Salamanca Pl., Hobart
☎03-6224-0220／https://wildislandtas.com.au
🕐10:00〜17:00、土曜9:00〜15:00、
　日曜・祝日11:00〜14:00、12月25日休
MAP＊P.165

The Tasman

タスマン

品のいいラグジュアリーホテル

　タスマニア州議事堂の裏手に建つラグジュ
アリーなホテル。いくつもの歴史的建造物を改
築してつくられているので、しっとりと落ち着いた
雰囲気。暖炉のあるクラシックな客室もあれ
ば、見晴らしのいいモダンな客室もあります。サ
ラマンカ・プレイスにも港にも近く、観光にとても
便利なホテルです。

12 Murray St., Hobart／☎03-6240-6000
https://www.marriott.com/en-us/hotels/
hbalc-the-tasman-a-luxury-collection-hotel-hobart/
🛍 一室$301〜、朝食別／全152室／MAP＊P.165

上・クラシックな部屋が好みなら、ヘリテ
ージ・キングやヘリテージ・スイートへ。
／右・5つの歴史的建造物を改装。ホテ
ル内には素敵なバーやレストランも。

ウォーター・ビュ
ーの客室からは、
サリバン湾を望
む素晴らしい景
色が楽しめる。

Lenna of Hobart

レナ・オブ・ホバート

上・19世紀に建てられた
美しい邸宅を改装して造
られたホテル。隣接する
客室棟とは廊下でつなが
っている。／左・もっともス
タンダードなクイーン・ル
ームでも約34㎡と広々。

エレガントなブティックホテル

　風光明媚なバッテリー・ポイントにあるエ
レガントなブティックホテル。設備もサービス
もしっかりとした質のいい宿です。サラマン
カ・プレイスのすぐ近くなので街歩きへのア
クセスも良好。無料の駐車場があり、レンタ
カーで旅をする人にもおすすめです。

20 Runnymede St., Battery Point
☎03-6232-3900／https://www.lenna.com.au
🛍 一室$175〜、朝食別／全52室
MAP＊P.165

Launceston

ローンセストン

テイマー川に面した風情ある町

1889年に建てられた郵便局。町に残る数多くの歴史的建造物を見て歩くのも楽しい。

左・テイマー川を見下ろす高台には、美しい邸宅が点在している。／右・ジェームズ・ボーグ・ブリュワリーのツアーは$35。https://www.jamesboag.com.au

【アクセス】ローンセストン空港から中心部へのアクセスはP.182参照

　タスマニア北部、サウス・エスク川とノース・エスク川がテイマー川に流れ込む合流地点に広がる町。おだやかに流れるテイマー川沿いには田園風景が広がり、ホバートに次ぐタスマニア第二の都市とはいえ、のんびりした田舎町の風情が漂っています。町の歴史は古く、中心部には19世紀に建てられた建造物が数多く残っています。観光アトラクションと呼べるスポットは少ない町ですが、レトロな建物が並ぶ通りをぶらぶらと散策してみてください。老舗ビール会社、ジェームズ・ボーグ・ブリュワリーの工場もあるので、見学ツアーに参加してみるのも楽しいでしょう。散策を終えたら、町はずれにあるカタラクト渓谷へ。サウス・エスク川沿いに雄大な自然が広がっています。

　ローンセストンは、クレイドル・マウンテンとフレシネ半島のほぼ中間に位置しているため、中継地として1泊したい町。車の運転ができない人は、メルボルンから飛行機でローンセストンに入り、この町を拠点に、クレイドル・マウンテンやフレシネ半島へのツアーに参加すると便利です。

Cataract Gorge

カタラクト渓谷

切り立った岩壁と緑の木々が美しい渓谷。キングス橋から上流へ1kmほど歩くと、チェアリフトのアトラクションもある。

雄大な自然美に心が癒される

　ローンセストンいちばんの見どころは、サウス・エスク川沿いに続く美しい渓谷です。町の西側にあるキングス橋から川の北岸を歩きながら観賞するか、ローンセストンのウォーターフロントから50分のボート・クルーズに参加して楽しむのがおすすめ。町のすぐそばとは思えない壮大な渓谷美が広がっています。

【アクセス】町の中心からキングス橋まで徒歩約20分／MAP＊P.175

Cataract Gorge Cruises
(Tamar River Cruises)
カタラクト・ゴージ・クルーズ（テイマー・リバー・クルーズ社）

Home Point Parade, Launceston／☎03-6334-9900
http://www.cataractgorgecruises.com.au
【料金】クルーズ$33 ※出発時刻はウェブサイトで確認を
MAP＊P.175（クルーズ発着地）
【アクセス】町の中心からクルーズ乗り場まで徒歩約10分

【ローンセストン中心部MAP】

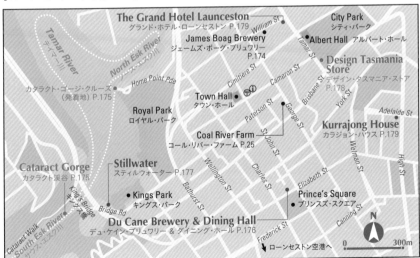

Du Cane Brewery & Dining Hall

デュ・ケイン・ブリュワリー & ダイニング・ホール

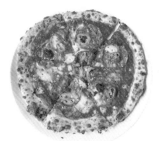

マルゲリータやスパイシーなサラミのピザなど全9種のピザ$23〜27がある。

家族で楽しめるブリュワリー

©Ryan Farrington

　2022年にローンセストンの町のなかにオープンしたブリュワリー。デュ・ケインというのはタスマニア中部の山脈の名前です。このブリュワリーの創始者が、かつて登山ガイドをしていたことから、この名前がつけられたのだとか。広いダイニングホールでは7種の生ビールが飲めるほか、タスマニア産のアップルサイダーやワイン、ウイスキーも飲むことができます。窯で焼いたピザもあり、ビールの醸造所ですが、子ども連れの家族でも楽しめるようなスポットです。

飲食ができるダイニング・ホールのすぐ横にはビールの醸造タンクが並んでいる。

上・パドル（Paddle）という試飲セットは4種のビールがセットになって$18〜20。／下・人造芝を用い、アウトドアでピクニックを楽しむようなリラックスした雰囲気をつくり出している。

60-64 Elizabeth St., Launceston／☎03-6323-6000／https://ducanebrewing.com.au
🕐12:00〜20:00（木曜21:00）、金土曜12:00〜22:00、無休／MAP＊P.175

176

ディナーは2～3皿のプリフィックス・メニュー$85～110のみ。

© Anjie Blair

Stillwater

スティルウォーター

粉ひき小屋を改装したレストラン

　町の中心から徒歩約15分、テイマー川のほとりに立つ素敵なレストラン。このお店が入っている建物は、1830年代に建てられた粉ひき小屋。田舎風の雰囲気を残しながらおしゃれに改装された空間で、タスマニア産の新鮮な素材をいかしたモダンな料理をいただけます。カタラクト渓谷のすぐ近くなので、渓谷の散策ついでに立ち寄ってもOK。

　レストランの上の階は、「スティルウォーター・セブン」という7室のみのラグジュアリーな宿泊施設になっています。

上・古い粉ひき小屋の建物をかわいらしくペイントしたユニークな外観。/左・窓際の席からはテイマー川が見渡せる。夏季のディナーは予約したほうがいい。

地元産オーガニックのビートルートとストラッチャテッラ・チーズのサラダ。

2 Bridge Rd., Launceston／☎03-6331-4153
https://www.stillwater.com.au
🕙11:30～16:00、17:30～22:00、日曜・祝日休
※4～10月下旬の月曜はランチのみ
MAP＊P.175

Design Tasmania Store

デザイン・タスマニア・ストア

まるでモダン・アートの美術館のようにアーティストによる作品が展示された店内。

洗練されたデザインの商品が手に入る

　タスマニアのすぐれたデザインのものを集めたお店。木製の家具や雑貨、陶器、アクセサリー、ガラス製品、布製品などが、ギャラリーのように展示されています。ハイセンスなものがたくさん並んでいますが、とくにおすすめしたいのが「ヒューオン・パイン」というタスマニア原生の木材を使った商品。きめ細やかな木肌が美しく、油分を多く含んでいるため水にも強くて丈夫。現在では自然に倒れた木しか使用できないため、世界でも最高級の木材といわれています。

シティ・パークという美しい公園の一画にある。

タスマニアの陶芸スタジオClickhollow Potteryの美しい小皿$22。

Cnr. Brisbane and Tamar Streets, Launceston
☎03-6331-5506
https://designtasmania.com.au
🕙10:00〜15:00（日曜14:00）、
　月火曜・祝日休
MAP＊P.175

左・お菓子づくりがしたくなる！ 高級木材「ヒューオン・パイン」のめん棒$35。／右・タスマニアの陶芸家によってつくられた食器類も豊富。

The Grand Hotel Launceston

グランド・ホテル・ローンセストン

観光に便利で快適なホテル

ローンセストンらしいクラシックな外観のホテル。客室はシンプルながら、広くて快適。ホテル内にはレストランやコインランドリーもあります。宿泊料金が比較的お手頃なのもうれしいところ。すぐ近くにはジェームズ・ボーグのブリュワリーもあり、町の中心へも徒歩圏内と、何かと便利なロケーションです。

22 Tamar St., Launceston／☎03-6331-5511
https://thegrandhotellaunceston.com.au
🧳 一室$155〜、朝食別／全32室／MAP＊P.175

上・19世紀中頃に建てられた、歴史を感じさせる美しいホテル。／左・スタンダードなデラックス・ルームと、ジャグジーつきのスパ・スイートがある。

Kurrajong House

カラジョン・ハウス

上・天蓋つきのベッドがロマンチックなニュートン・ヘリテッジ・キング・ルーム。／右・閑静な住宅街にあるB&B。庭も建物も美しく手入れされている。

ロマンチックなB&B

エレガントなコテージ風の建物が特徴的なB&B。客室やダイニングルームの内装も、とてもロマンチック。オーナーのリンダさんはとてもフレンドリーで、地元ならではの観光情報を親切に教えてくれます。町の中心から少し離れた高台に立っているので、とくにレンタカーで旅をする人におすすめしたいロマンチックな宿です。

Cnr. 17 Adelaide & 18 High Streets, Launceston
☎03-6331-6655／https://www.kurrajonghouse.com.au
🧳 一室$130〜、朝食別（朝食つきプランもあり）／全6室
※宿泊は大人のみ可／MAP＊P.175

タスマニア旅行モデルプラン

レンタカーでタスマニアをまわる
旅のモデルプランをご紹介。

タスマニア満喫4泊5日プラン

1日目　午前：メルボルンから飛行機でデボンポートに到着。デ
　　　　ボンポート空港からレンタカーでクレイドル・マウ
　　　　ンテンへ
　　　　午後：クレイドル・マウンテンを観光。クレイドル・マウンテ
　　　　ン・ロッジ泊

昔ながらの港町の風情が残る、
ホバートのハンター・ストリート。

2日目　午前：クレイドル・マウンテンを観光後、ローンセストンへ
　　　　午後：ローンセストンを観光。ローンセストン泊

フレシネ半島を形成しているピンク色の花崗
岩は、約4億年前の地殻活動でできたもの。

3日目　午前：ローンセストンからロス経由で、フレシネ半島へ
　　　　午後：フレシネ半島を観光。フレシネ・ロッジ泊

4日目　午前：フレシネ半島を観光
　　　　午後：フレシネ半島からホバートへ。ホバート泊

5日目　午前：ホバート観光
　　　　午後：ホバートから飛行機でメルボルンへ

山と動物好きのための
2泊3日プラン

初日は、午前中にメルボルンから飛行機でデボ
ンポートに入り、空港からレンタカーでクレイド
ル・マウンテンへ。クレイドル・マウンテン・ロッジ
に1泊。初日の午後と翌日2日目の午前中で国立
公園をハイキングしたり、動物ウォッチングをし
たり、大自然を堪能。午後、ローンセストンへ移
動して1泊。最終日の午前中にローンセストンの
町を観光し、午後、飛行機でメルボルンへ。

海とグルメ好きのための
3泊4日プラン

初日は、午前中にメルボルンから飛行機でローン
セストンに入り、レンタカーで市内へ。午後、ロー
ンセストンの町を観光し1泊。翌朝、ロス経由でフ
レシネ半島へ移動し、フレシネ・ロッジに1泊。2日
目の午後と3日目の午前中でフレシネ半島の美し
い景色とシーフードを堪能。3日目の午後、ホバー
トへ移動し1泊。最終日の午前中、ホバートを観
光し、午後、飛行機でメルボルンへ。

ちょっと寄り道

モデルプランで紹介したコースの途中に、
ぜひ立ち寄ってほしい町とおすすめスポットをご紹介。

Ross ロス

19世紀にタイムスリップ

昔ながらの趣きある静かな村。村には19世紀の女性刑務所跡もあり、世界遺産になっている。

上・100年以上も続いている「ロス・ビレッジ・ベーカリー」。キキのパン屋で休憩を。／右・美しい橋は、19世紀に流刑者によって築かれたもの。

ローンセストンからフレシネ半島へ向かう途中に訪ねてほしいのが、ロスという小さな村。19世紀前半に流刑囚によって築かれた美しい砂岩の建造物が数多く残る美しい村で、村にあるロス・ビレッジ・ベーカリー（Ross Village Bakery）は、魔女の宅急便でキキが働いたパン屋のモデルになったといわれています。

【アクセス】ローンセストンから南東へ約80km、車で約1時間
MAP＊P.153

Melshell Oysters
メルシェル・オイスターズ

最高級の生牡蠣にありつける

タスマニア東海岸にある牡蠣の養殖業者。ここの牡蠣はクリーミーかつ濃厚で、天下一品！ フレシネ国立公園からホバートへ向う途中で立ち寄るのがおすすめです。その場で殻を開けて、レモンを添えて出してくれます。少しまわり道にはなりますが、生牡蠣が好きな人にはぜひ訪れてもらいたいオイスター・ファームです。

9 Yellow Sandbanks Rd., Dolphin Sands
☎03-6257-0269／https://melshelloysters.com.au
🕙10:00～16:00、土日曜・祝日休
【アクセス】フレシネ国立公園から約65km、車で約1時間。フレシネ国立公園からタスマン・ハイウェイでホバートへ向う途中、スワンシーの手前から脇道に入り約10km／MAP＊P.153

牡蠣の産卵期には臨時休業になるので、ウェブサイトで確認してから出かけて。

上・生牡蠣は1ダース$25。注文したらその場で殻を開けてくれる。／右・ベンチに座って、海を見ながら生牡蠣を！ 海の向こうにはフレシネ半島が見える。

タスマニア・ローンセストン空港

メルボルン＆タスマニア 旅のヒント

日本からメルボルン、タスマニアへ

　日本航空とカンタス航空が東京〜メルボルンの直行便を運航しています。所要時間は約10時間半。直行便の利用が便利ですが、全日空のシドニー便、ジェットスター航空やヴァージン・オーストラリア航空のケアンズ便などを利用して、乗り継ぎでメルボルンを訪れることも可能。日本からタスマニアへは直行便がないので、メルボルンなどを経由します（P.153）。

　メルボルンには、メルボルン国際空港（タラマリン空港）とアバロン空港があり、すべての国際線とほとんどの国内線はメルボルン国際空港発着です。アバロン空港はメルボルン市内から遠く不便なので、間違ってアバロン空港発着の国内線を予約しないように注意しましょう。

　オーストラリアは入国時の検疫がきびしく、虚偽の申告をすると罰金や罰則が科せられます。入国カードの質問事項には正直に答えましょう。食品の持込は申告すれば可能なものもありますが、検査に時間がかかったり、没収される場合もあります。

ETA 電子渡航許可

　日本のパスポート保有者がオーストラリアに観光目的で渡航する場合（滞在期間3か月以内）、渡航前にETA（電子渡航許可）を取得しておく必要があります。申請はアップルストアやグーグルプレイストアから「オーストラリアETAアプリ」をダウンロードして渡航者本人が行います。アプリに従ってパスポートのスキャン、顔写真の撮影、必要事項の入力、手数料$20の支払いなどを行い、申請が完了すると、内容に問題なければ、12時間以内に登録したメールアドレス宛にETAが発給されます。入国時に発給されたETAを提示する必要はありませんが、念のため印刷しておくといいでしょう。

在日オーストラリア大使館 ETA電子渡航許可
https://japan.embassy.gov.au/
tkyojapanese/ETA601.html

空港から町へ

【メルボルン国際空港から】

　スカイバス社がシティのサザン・クロス駅まで早朝4時〜深夜1時の間ほぼ10分間隔で空港バスを運行しています。所要時間は約30〜45分で料金は$22。スカイバス社は、近郊の町行きの空港バスも運行しています。タクシーはメーター制で、空港からシティまで約$60〜70、所要時間は約30分。空港到着ロビーの外にスカイバス乗り場とタクシー乗り場があります。

◎SkyBus https://www.skybus.com.au

スカイバス乗り場のすぐ横にチケットブースがある。

【ホバート空港から】

　主なフライトの到着時刻にあわせ、スカイバス社が市内6か所まで空港バスを運行しています。所要時間は約30分で料金は$19.50。空港行きは要予約。タクシーは町の中心部まで約20分、料金はメーター制で約$40〜50。

◎Sky Bus https://www.skybus.com.au

【ローンセストン空港から】

　空港バスはホバートと同様。所要時間は約30〜60分で料金は$20。空港行きは要予約。タクシーは町の中心部まで約15分、料金はメーター制で約$35〜40。

◎Launceston Airport Shuttle Bus
https://launcestonairportshuttlebus.com.au

メルボルンの交通

　メルボルン中心部は公共交通機関が整っているので、郊外の田舎へ行く場合をのぞいて、レンタカーは必要ありません。すべての公共交通機関の時刻表は、パブリック・トランスポート・ビクトリアのウェブサイトから検索できます。

◎Public Transport Victoria（PTV）
https://www.ptv.vic.gov.au

【トラム】

　24の路線が早朝から深夜まで運行。各停留所には路線番号と行先が明記されています。利用者がいる停留所のみ停車するので、乗りたいトラムが来たら手をあげて合図します。乗車したら車内の読取機にマイキ（右記参照）をタッチ。フリー・トラム・ゾーン内（P.19）ではタッチは不要ですが、無料ゾーンを越えて乗車する場合は必ずタッチしましょう。降りたい停留所が近づいたらブザーを押して知らせ、再びマイキを読取機にタッチして降車します。

右・トラム内に設置されたマイキの読取機。

【鉄道】

　早朝から深夜まで、メトロ社がシティと近郊の町を結ぶ電車を運行しています。シティには5つの駅がありますが、主な始発駅はフリンダース・ストリート駅とサザン・クロス駅です。乗降時、改札口を通る際にマイキをタッチ。改札口がない駅ではホームの入口付近に読取機が設置されています。
　地方都市や他州へは、サザン・クロス駅からV/Lineという遠距離路線の列車が走っています。行き先によってマイキを使う場合と、紙の切符が必要な場合があるので、駅員に確認を。

【バス】

　電車やトラムが走っていないエリアをカバーしています。乗り方はトラムと同様で、乗車時と降車時にマイキを車内の読取機にタッチします。

マイキは必需品！

　フリー・トラム・ゾーン（P.19）以外で公共交通機関を利用する時は、「マイキ（Myki）」というカードが必要です。電車の駅に設置された自動販売機やセブンイレブンなどでマイキ$6を購入し、課金して使用。またはアンドロイドのスマホを持っている場合、グーグルウォレットのアプリからモバイル・マイキを使用することも可能です（https://www.ptv.vic.gov.au/tickets/myki/mobile-myki/）。マイキの使い方は簡単。乗車時と降車時に読取機にタッチすると、最適な運賃（トラム、電車、バス共通のゾーン制）が自動計算されマイキ残高から差し引かれます。観光にもっとも一般的なZone 1+2の場合、2時間運賃が$5、1日運賃が$10（週末と祝日は$7.20）。マイキは残高不足にならないように、適宜課金しましょう。残高不足のまま乗車したり、マイキをタッチせずに乗車したのが見つかると、罰金が科せられます。

自動販売機で課金する際は、画面表示の「Top up Myki Money」をセレクト。

【タクシー】

　料金はメーター制。時間帯や曜日により3段階の運賃設定があり、初乗り料金$4.65〜6.90に、1kmあたり$1.804〜$2.208、時速21km以下の時は1分あたり$0.632〜$0.773が加算されます。流しのタクシーはほぼ見かけないので、主要駅前などの乗り場から利用を。電話で呼んだり、ホテルなどで手配してもらうことも可能。メルボルンではUberの利用も普及しています。

タスマニアの交通

　公共交通機関があまり整っていないタスマニアでは、レンタカーの利用が便利です。本数は少ないですが、タジーリンク社とレッドライン社が主要都市間の高速バスを運行しています。

◎Tassielink
https://www.tassielink.com.au
◎Redline
https://www.tasredline.com.au

【ホバートの交通】

　市内と近郊を路線バスが運行しています。運賃はゾーン制で、乗車時に現金かグリーンカードという課金制カードで支払います。現金払いの運賃は、乗車区間が1ゾーン内の場合$3.50、2ゾーンにまたがる場合$4.80、3ゾーン以上の場合$7.20。グリーンカードで支払う場合は2割引きに。タクシーはメーター制で、初乗り料金$3.90に1kmあたり$2.12〜2.54が加算されます。タクシー乗り場は少ないので、電話で呼ぶか、ホテルに頼んで手配してもらいましょう。

【ローンセストンの交通】

　路線バス、タクシーの利用方法および料金については、ホバートと同様。路線バスに加え、タイガー・バスという無料の巡回バスも運行しています。
　ホバートとローンセストンのバスの時刻表は、メトロ・タスマニアのウェブサイトから検索できます。

◎Metro Tasmania
https://www.metrotas.com.au

レンタカー

【借り方】

　メルボルン、タスマニアとも、空港や市内にレンタカー会社の営業所があります。車を借りる際は国際運転免許証が必要です。メルボルンにはシティリンク（Citylink）とイーストリンク（Eastlink）という有料道路がありますが、料金所はなく、電話やオンラインで通行パスを購入するか、車に設置された電子タグを使って精算します。レンタカー会社により精算方法の選択肢が異なるので、有料道路を利用する予定がある場合は、レンタカー会社に確認を。有料道路は英語でトール（Toll）といいます。

【基本的な交通ルール】

　日本と同様、車は左側通行。制限速度は道路標識に明示されています。スピード違反の取り締まりは非常にきびしいので、制限速度は必ず守りましょう。路上駐車は可能ですが、駐車禁止や時間帯などの制限がある場合は標識が出ています。

　「TICKET」という標識が出ている場合は、販売機で駐車券を購入しダッシュボードに表示します。運転中に手持ちの携帯電話使用は禁止、シートベルトは車に乗っている人全員に着用義務があります。

駐車制限の標識。「P」は駐車時間（2P=2時間まで駐車可）。標識で指定された曜日、時間帯以外は制限なく駐車可。

◎ビクトリア州交通局　https://www.vicroads.vic.gov.au
◎タスマニア州交通局　https://www.transport.tas.gov.au

ココに注意！

◎ラウンド・アバウト（信号のない環状交差点）では、右側から車が来ないことを確認して交差点に進入、時計まわりに進み、行きたい方向の道へ
◎シティ内のトラムが走る道では、フックターン（左前方に一度車を寄せてから右折する）という特殊な交差点が数か所あるので注意。また、トラムが停留所で停止した時は、お客の乗降の妨げにならないように、トラム乗降口の後方で車を停止し待機
◎信号のない横断歩道では常に歩行者が優先

飲酒運転について

　オーストラリアでは、血中アルコール濃度が0.05%未満であれば車の運転が可能。どのくらい飲酒すると血中アルコール濃度が0.05%になるのかに関しては、スタンダード・ドリンクと呼ばれる方法を目安とする人も多いですが、アルコールの処理能力には個人差もあるので、確実ではありません。運転する時は飲まない、と決めておくのがいちばん安心です。

お金

【現金】

通貨単位はオーストラリア・ドルA$（本書では$と表示）、補助単位はセントcで、$1＝100c。紙幣は$5、$10、$20、$50、$100の5種類、硬貨は5c、10c、20c、50c、$1、$2の6種類。5セント未満の硬貨はないので、現金払いの買いものの場合は5セント単位に切り下げ、切り上げられます。

【両替とATM】

メルボルン国際空港の両替所は夜11時まで営業。タスマニアの空港には両替所はありません。メルボルン、ホバート、ローンセストンとも、市内の銀行や両替所、大手ホテルで両替が可能です。

ATMは銀行や駅、ショッピングセンター、コンビニなどに設置されています。銀行ではほとんどの場合、店外にATMが設置されていて24時間キャッシングが可能です。

【クレジットカード】

クレジットカードの普及率は高く、ほとんどのお店で利用可能です。VISAとMASTERがとくに便利。クレジットカードを渡すと、「Cheque, Saving, Credit?」と聞かれることがありますが、チェックとセービングは現地銀行口座に関する機能なので、日本からの旅行者は「クレジット」と答えましょう。決済時は暗証番号（PIN）の入力が必要です。ホテルやレストランでは、クレジットカード払いの場合、「サーチャージ」と呼ばれる手数料が加算される場合があります（通常1～2%）。

【チップ】

チップの習慣はないとされていますが、レストランで満足のいくサービスを受けた場合は5～10%程度を渡すといいでしょう。

タクシーのチップは基本的に不要。現金で払う場合は端数を切り上げる程度でOK。重い荷物の上げ下ろしを手伝ってくれた場合は、$1～2渡すといいでしょう。

消費税返金システム（TRS）

オーストラリアには、オーストラリア国内で買った商品に含まれる消費税（GST）を還付する制度、TRSがあります。還付対象となるのは、出国前60日以内に購入し、1店舗での購入金額が合計$300以上の場合。その他いくつかの条件があるので、くわしくはウェブサイトで確認を。空港の出国審査後にあるTRSカウンターで、タックスインボイス（領収書）と購入品を提示して払い戻しを受けます。ウェブサイトから事前に申請準備をしておくと便利です。

◎TRS https://trs.border.gov.au

水

オーストラリアの水道水は問題なく飲むことができます。ただし、農村や山間部では、雨水や井戸水を使っている場合もあり、蛇口から出てくる水が水道水とは限らないので、水道水であることを確認してから飲むようにしましょう。ミネラルウォーターは、売店やコンビニなどで買うと高いので、スーパーマーケットで買うといいでしょう。

電圧とプラグ

オーストラリアの電圧は240V。240Vまで対応していない電気製品を使用する場合は、変圧器が必要です。プラグの形状はOタイプで日本のものとは違うので、変換プラグが必要です。

トイレ事情

駅や街角、ショッピングセンターなどに無料で使える清潔な公衆トイレが設置されています。小さな店舗などではたまにトイレに鍵がかかっているところも。その場合は店員に鍵を借りて使用します。

メルボルンのコリンズ・ストリートにあるレトロな公衆トイレ。

通信手段

【インターネット環境】

　メルボルンには主要駅、図書館などの公共スペース、ショッピングセンターなど無料Wi-Fiを使える場所が数多くあります。また、カフェやファストフード店など無料Wi-Fiを提供している店舗も多く、店員にたずねるとパスワードを教えてもらえます。ほとんどのホテルでは宿泊者に無料でWi-Fiを提供しています。タスマニアでは、都市部においてはメルボルンとほぼ同様。ただしクレイドル・マウンテンなどの田舎では、Wi-Fiはおろか携帯電話でさえもつながりにくい場所があります。

【SIMカードの入手方法】

　オーストラリアの主要携帯電話会社は、テルストラ(Telstra)、オプタス(Optus)、ボーダフォン(Vodafone)の3社。メルボルン国際空港の到着ロビーや市内にショップがあり、プリペイドSIMカードを購入するこ

とができます。メルボルンでは上記3社のどれでも問題ありませんが、タスマニアに行く場合は、遠隔地にも強いテルストラがおすすめです。

【国際電話の掛け方】

◎日本からオーストラリアへ
　各電話会社の識別番号(001、0033など)＋
　010＋61(オーストラリアの国番号)＋
　エリアコードの0をのぞいた番号＋
　相手の電話番号

※ビクトリア州、タスマニア州とも、エリアコードは03
※携帯番号にかける場合は、国番号61の後に0をのぞいた携帯番号を押す

◎オーストラリアから日本へ
　0011＋81(日本の国番号)＋
　市外局番の0をのぞいた番号＋
　相手の電話番号

※携帯番号にかける場合は、国番号81の後に0をのぞいた携帯番号を押す

治安

　メルボルンは、世界の主要都市のなかでも治安がいいといわれており、安心して観光が楽しめる町です。ただし夜間の公園や人通りの少ない道は避ける、挙動不審な人や酔っ払いには近づかないといった基本的な注意は怠らないようにしましょう。本書で紹介したエリアのなかでは、セント・キルダとシティのキング・ストリートはナイトクラブが多いエリアなので、できれば夜遅くは避けたいエリアです。

　タスマニアも治安のいいところですが、夜間、人が少ない場所ではご注意を。また、国立公園でハイキングなどをする場合には、登山道をはずれないように注意しましょう。

　オーストラリアで緊急事態に遭遇した場合の電話番号は「000」。電話をかけると「Police(警察)、Fire(消防)、or Ambulance(救急車)?」と聞かれるので、どのサービスが必要なのかと、自分の所在地を伝えます。オーストラリアでは救急車は有料で、搬送には10万円以上かかることも。医療費も高額なので、日本を出発する前に適切な海外旅行保険に加入することをおすすめします。

Consulate-General of Japan, Melbourne
(在メルボルン日本国総領事館)
Level 25, 570 Bourke St., Melbourne／☎03-9679-4510
https://www.melbourne.au.emb-japan.go.jp／MAP＊P.14[B-2]

祝祭日

1月 1日　元日
1月26日　オーストラリア・デー
3月11日　レイバー・デー(2024年)●＊
3月11日　エイト・アワーズ・デー(2024年)▲＊
3月29日　聖金曜日(2024年)＊
3月30日　聖土曜日(2024年)●＊
3月31日　聖日曜日(2024年)●＊
4月 1日　聖月曜日(2024年)＊
4月 2日　聖火曜日(2024年)▲＊
4月25日　アンザック・デー
6月10日　キングス・バースデー(2024年)＊
　　未定　AFLグランドファイナル前日(2024年)●＊
11月 5日　メルボルン・カップ・デー(2024年)●＊
12月25日　クリスマス
12月26日　ボクシング・デー

※●ビクトリア州のみ、▲タスマニア州のみ(このほかにタスマニアは都市別の祝日もあり) ※＊は移動祝祭日

気候と服装のアドバイス

【メルボルンの気候】

　南半球なので、日本とは季節が逆。1年を通して降雨量が少なく、非常に乾燥しているので、水分補給をまめに行いましょう。どの季節も暖かい日と寒い日の気温の差が激しいので、重ね着で調節しましょう。

◎春（9〜11月）

　9月に入ると、春らしいおだやかな日が増えてきます。10〜11月の晴れた日の日中は半袖で過ごせる日もありますが、基本的には長袖が便利。早朝や夜間は冷え込むので、セーターや軽い上着も持参しましょう。

◎夏（12〜2月）

　ほぼ1週間サイクルで気温が上下します。1週間ほどかけて徐々に気温が上がり、最高気温が30℃や時によっては40℃を越えたところで、突然風向きが変わり、軽い雨を伴いながら気温が一気に下がります。極端な時には1時間も経たないうちに気温が20℃も下がることも。「これをクール・チェンジ（Cool Change）」といい、ほぼ1週間に1度の周期でこのクール・チェンジがやってきます。湿度が非常に低いので30℃を越える日でもそれほど不快には感じませんが、日差しが強いのでサングラスや帽子があると便利。夜間には気温が下がるので、真夏でも薄手の羽織るものがあると重宝します。

◎秋（3〜5月）

　3月は1年でもっとも天候が安定していて、絶好の行楽日和が続きます。4月に入ると次第に気温が下がり、5月に入るとシャワーと呼ばれる軽い雨が降ったり止んだりする日が多くなってきます。4月以降は長袖と上着が必要です。

◎冬（6〜8月）

　冬でも日中の最高気温が7〜15℃と、気温はそれほど低くはありませんが、どんよりした曇り空や軽いにわか雨が降る日が多いので、実際の気温よりも寒く感じます。コートやマフラーなどの防寒具が必要です。内陸の山岳地帯では雪が降ることもありますが、都市部や沿岸部で雪が降ることはありません。

真夏のモーニントン半島のビーチ。

【タスマニアの気候】

　気候のパターンは、メルボルンと似ていますが、1年を通じてメルボルンよりも気温が低いです。平野部の夏の日中最高気温は17〜23℃、冬の日中最高気温は3〜11℃。ホバートやローンセストンは、メルボルンと同様、乾燥した気候なので、実際の気温よりも低く感じます。真夏でも軽い上着を持参したほうがいいでしょう。クレイドル・マウンテンなどの山岳地帯ではさらに気温が低く、真夏でも夜間になるとぐっと気温が下がるので、セーターやウインドブレーカーなどの防寒具が必要です。また、クレイドル・マウンテン周辺は、雨が非常に多いエリアなので、雨具も忘れずに持参しましょう。平地では真冬でも雪が降ることはありませんが、山岳地帯では真冬以外でも雪が降ることがあります。タスマニア全域において、おすすめの観光シーズンは11〜3月末です。

南半球では
日当たりがいいのは北

　南半球のオーストラリアでは、「北」と「南」のイメージが日本とは逆。北へ行くほど暖かく、南へ行くほど寒くなります。太陽は東から昇り北を通って西に沈むので、北向きの部屋は明るく、南向きの部屋は日当たりが悪くなります。

Index

Melbourne
メルボルン

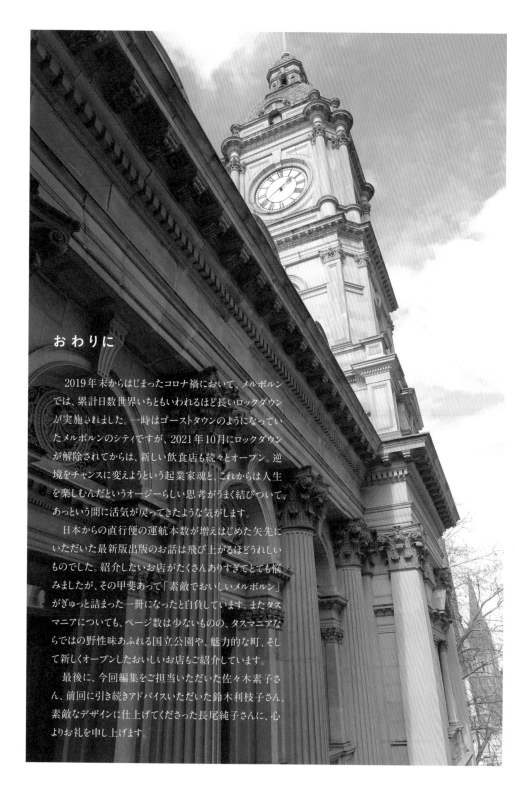

おわりに

　2019年末からはじまったコロナ禍において、メルボルンでは、累計日数世界いちともいわれるほど長いロックダウンが実施されました。一時はゴーストタウンのようになっていたメルボルンのシティですが、2021年10月にロックダウンが解除されてからは、新しい飲食店も続々とオープン。逆境をチャンスに変えようという起業家魂と、これからは人生を楽しむんだというオージーらしい思考がうまく結びついて、あっという間に活気が戻ってきたような気がします。

　日本からの直行便の運航本数が増えはじめた矢先にいただいた最新版出版のお話は飛び上がるほどうれしいものでした。紹介したいお店がたくさんありすぎてとても悩みましたが、その甲斐あって「素敵でおいしいメルボルン」がぎゅっと詰まった一冊になったと自負しています。またタスマニアについても、ページ数は少ないものの、タスマニアならではの野性味あふれる国立公園や、魅力的な町、そして新しくオープンしたおいしいお店もご紹介しています。

　最後に、今回編集をご担当いただいた佐々木素子さん、前回に引き続きアドバイスいただいた鈴木利枝子さん、素敵なデザインに仕上げてくださった長尾純子さんに、心よりお礼を申し上げます。

女神と海とグルメの島 シチリア最新版
太陽と海とグルメの島
シチリアへ
定価1,870円（税込）

ダイナミックな自然と
レトロかわいい町
ハワイ島へ
定価1,980円（税込）

ナポリとアマルフィ海岸周辺へ
魅惑の絶景と美食旅
ナポリと
アマルフィ海岸周辺へ
定価1,760円（税込）

エキゾチックが素敵
トルコ・
イスタンブールへ 最新版
定価1,760円（税込）

アイルランド最新版
絶景とファンタジーの島
アイルランドへ
定価1,870円（税込）

スウェーデン
ストックホルムと
小さな街散歩
スウェーデンへ
定価1,870円（税込）

愛しのアンダルシアを
旅して
南スペインへ
定価1,870円（税込）

ニュージーランドへ
大自然と街を
遊び尽くす
ニュージーランドへ
定価1,760円（税込）

食と雑貨をめぐる旅
悠久の都ハノイへ
定価1,870円（税込）

海辺の街
ウラジオストクへ
ロシアに週末トリップ！
ウラジオストクへ
定価1,650円（税込）

オランダへ
かわいいに
出会える旅
オランダへ 最新版
定価1,760円（税込）

心おどる
バルセロナへ 最新版
定価1,760円（税込）

フィンランド 最新版
デザインあふれる
森の国
フィンランドへ
定価1,870円（税込）

Austria
芸術とカフェの街
オーストリア・
ウィーンへ
定価1,760円（税込）

甘くて、苦くて、深い
素顔のローマへ 最新版
定価1,760円（税込）

アドリア海の
素敵な街めぐり
クロアチアへ
定価1,760円（税込）

BEER HAWAI'I
～極上クラフトビールの旅
ハワイの島々へ
定価1,760円（税込）

きらめきの国ギリシャへ
太陽とエーゲ海に惹かれて
きらめきの国
ギリシャへ
定価1,870円（税込）

癒しのビーチと
古都散歩
ダナン＆ホイアンへ
定価1,650円（税込）

美食の古都散歩
フランス・リヨンへ
定価1,760円（税込）

南フランスの休日
プロヴァンスへ 最新版
定価1,980円（税込）

遊んで、食べて、
癒されて
タイ・プーケットへ
定価1,650円（税込）

レトロな街で食べ歩き！
古都台南＆
ちょっと高雄へ 最新版
定価1,760円（税込）

新しいチェコ・古いチェコ
愛しのプラハへ 最新版
定価1,760円（税込）

※定価はすべて税込価格です。（2023年11月現在）

高田真美
Mami Takada

大阪生まれ。幼少期は高松で、思春期は東京で育つ。獨協大学外国語学部英語学科卒業後、総合商社、外資系メーカーでの勤務を経て、2000年よりオーストラリア・ビクトリア州在住。さまざまな文化や壮大な自然に触れることができる旅が好きで、夫とともに今まで80か国以上を訪問。旅の記録を記した「SOWHATの世界旅日記」と、料理や園芸、メルボルン情報などを記した「メルボルン美味しい生活」というふたつのブログを更新中。

◎SOWHATの世界旅日記 **https://world-travelogue.com**
◎メルボルン美味しい生活 **https://sowhat99.exblog.jp**

素敵でおいしいメルボルン&
野生の島タスマニアへ
最新版

2023年12月5日 初版発行

著者	高田真美 Copyright © 2023 Mami Takada All rights reserved.
発行者	山手章弘
発行所	イカロス出版株式会社
	〒101-0051 東京都千代田区神田神保町1-105
電話	03-6837-4661（出版営業部）

印刷・製本所　図書印刷株式会社

旅のヒントBOOK
SNSをチェック！

文・写真：高田真美／写真協力：ビクトリア州政府観光局
デザイン：長尾純子／マップ：ZOUKOUBOU／編集：佐々木素子（最新版）、鈴木利枝子（初版）

*海外への旅行・生活は自己責任で行うべきものであり、本書に掲載された情報を利用した結果、
なんらかのトラブルが生じたとしても、著者および出版社は一切の責任を負いません